Bookstore

Historia de una escalera

D0769824

Contemporánea
Teatro

ANTONIO BUERO VALLEJO

HISTORIA DE UNA ESCALERA

Edición y guía de lectura de Virtudes Serrano

AUSTRAL

ESPASA

El papel utilizado para la impresión de este libro es cien por cien libre de cloro y está calificado como **papel ecológico**.

Esta edición dispone de recursos pedagógicos en www.planetalector.com

No se permite la reproducción total o parcial de este libro,
ni su incorporación a un sistema informático, ni su transmisión
en cualquier forma o por cualquier medio, sea éste electrónico,
mecánico, por fotocopia, por grabación u otros métodos,
sin el permiso previo y por escrito del titular de los derechos. La infracción
de los derechos mencionados puede ser constitutiva de delito
contra la propiedad intelectual (Art. 270 y siguientes del Código Penal).
Diríjase a CEDRO (Centro Español de Derechos Reprográficos) si necesita
fotocopiar o escanear algún fragmento de esta obra. Puede contactar
con CEDRO a través de la web www.conlicencia.com
o por teléfono en el 91 702 19 70 / 93 272 04 47

© Herederos de Antonio Buero Vallejo, 2000
© Espasa Libros, S. L. U., 2010
    Avinguda Diagonal, 662, 6.ª planta. 08034 Barcelona (España)
    www.espasa.com
    www.planetadelibros.com

Diseño de la colección: Compañía
Ilustración de la cubierta: © Jake Tilson / Getty Images
Primera edición: 18-XI-1975
Sexagésima tercera edición (octava en esta presentación): abril de 2014

Depósito legal: B. 27.459-2011
ISBN: 978-84-670-3328-1
Impresión y encuadernación: BLACK PRINT CPI (Barcelona)
Printed in Spain - Impreso en España

Biografía

Antonio Buero Vallejo nació en Guadalajara en 1916. Su primera vocación fue la pintura y cursó estudios de Bellas Artes en Madrid. En 1936 se alista en el ejército republicano, y al término de la guerra es condenado a muerte. Finalmente se le conmuta la pena por treinta años de cárcel, aunque en 1947 es indultado. Consigue el Premio Lope de Vega en 1949 con *Historia de una escalera*, que es representada en el Teatro Español y con la que obtiene un rotundo éxito. Desde entonces, y pese a ciertos problemas de censura, los escenarios más importantes están abiertos al dramaturgo. Consiguió el Premio Nacional de Teatro en dos convocatorias sucesivas: 1956 (por *Hoy es fiesta*) y 1957 (por *Las cartas boca abajo*). En 1971 es elegido miembro de la Real Academia y en 1986 se le concede el Premio Cervantes. De entre sus obras destacan *En la ardiente oscuridad*, *El concierto de San Ovidio*, *El tragaluz* o *La Fundación*. Murió en Madrid en el año 2000.

ÍNDICE

HISTORIA DE UNA ESCALERA

INTRODUCCIÓN

A Carmen Núñez, mi amiga

En 1996 le fue otorgado a Antonio Buero Vallejo el Premio Nacional de las Letras Españolas, justo reconocimiento de una trayectoria artística y vital que cubre la segunda mitad de nuestro siglo[1], desde que en 1946 escribe la primera redacción de *En la ardiente oscuridad,* aunque sería HISTORIA DE UNA ESCALERA la obra que lo presentase ante el público la noche del 14 de octubre de 1949[2].

---

[1] Para los datos sobre vida y obra del autor, remitimos a la «Cronología de Antonio Buero Vallejo» que incluimos en esta edición y a los títulos que indicamos en la Bibliografía esencial comentada.

[2] En 1948, el Ayuntamiento de Madrid vuelve a convocar el Premio Lope de Vega, que se había interrumpido con la Guerra Civil; Buero lo gana, como es sabido, con *Historia de una escalera,* estrenada en el Teatro Español, con dirección de Cayetano Luca de Tena («El director del Español dedica a la escenificación de mi obra sus mejores saberes, los necesarios siempre para alcanzar el éxito, aunque acaso Cayetano no lo espere y yo no me atreva a esperarlo», ha escrito Antonio Buero Vallejo en un texto aparecido tras la muerte de Luca de Tena, *«Historia de una escalera», ABC,* 31 de enero de 1997, pág. 105). El impacto que causó en público y crítica fue tal que ese año «la dirección del Español tuvo conmigo la deferencia de suprimir —por primera vez en la historia del teatro de la plaza de Santa Ana— las tradicionales representaciones de

Cuando Buero Vallejo habla, pasado el tiempo, de la pieza, deja ver cierto disgusto ante el hecho de que parezca haberse convertido en el signo de toda su producción: «La obra con que me di a conocer fue HISTORIA DE UNA ESCALERA, y la resonancia que alcanzó en el ambiente teatral español me convirtió, para los contumaces de la inercia mental, en el autor de ese drama, menos estimable probablemente que otros míos»[3]; y llegó a afirmar en un coloquio: «Es una obra inaguantable, [...] se ha convertido en un tópico, en un lugar común de la enseñanza, y no solamente de la historia del teatro español. Y en ese sentido [...] yo abomino de *Historia de una escalera*»[4]. Es indudable que, con la perspectiva que ofrecen los años, un apreciable número de piezas posteriores del autor ha superado a ésta; entre las de ambiente contemporáneo, *El tragaluz, La Fundación* o *Jueces en la noche* son hitos difíciles de alcanzar, a la vez que marcan época en el panorama teatral de nuestros días. Si contemplamos su producción de tema histórico, desde *Un soñador para un pueblo* hasta *La detonación,* se advierte que Buero ha sido el artífice del enfoque comprometido de esta modalidad dramática que recupera un pasado conflictivo

---

Don Juan Tenorio, para no dañar el éxito de mi obra», explicaba el autor en la «Palabra final» de la primera edición de la pieza (Barcelona, José Janés, 1950, págs. 147-157, y ahora reproducida, con la totalidad de sus textos teóricos, en *Obra Completa* II, edición crítica de Luis Iglesias Feijoo y Mariano de Paco, Madrid, Espasa Calpe, 1994, págs. 324-328. Las páginas de los escritos de Buero citados en esta Introducción se refieren a dicha edición.

[3] Texto para una escenificación de la obra en Japón, febrero de 1964 *(O. C.* II: 432).

[4] A. Buero Vallejo, «Coloquios sobre mi teatro» *(O. C.* II: 561), texto extraído de las intervenciones del autor en la Universidad de Málaga en 1989, publicadas en Cristóbal Cuevas García, dir., *El teatro de Buero Vallejo. Texto y espectáculo,* Barcelona, Anthropos, 1990.

utilizándolo como espejo de presente. Cualquiera de sus títulos *(Las Meninas, El concierto de San Ovidio* o *El sueño de
la razón)* sería suficiente para consagrar a un autor. En este
sentido, el dramaturgo cuenta con motivos para la queja; sin
embargo, considerada la pieza en sí misma y en relación con
el momento de su escritura tiene un innegable interés.

Ante la actitud de su autor, cabría responder como lo hace
Paca, una de las habitantes de su *escalera,* al reconvenir a la
joven Carmina: «Los jóvenes, en cuanto una cosa está vieja,
sólo sabéis tirarla. ¡Pues las cosas viejas hay que conservarlas!». Buero, nuestro clásico contemporáneo, se ha conser-
vado joven en sus actitudes éticas y en sus criterios artísti-
cos; se ha renovado y se renueva constantemente, quizá por
ello piensa que esta humilde *escalera* de sus comienzos no
tiene valor; pero a ella, vieja y deteriorada, que nació para representar un sentido del deterioro y la vejez, es necesario
contemplarla en su *contexto* y en su *situación;* de esta forma,
salta a la vista del receptor la importancia que posee.

El *contexto* de HISTORIA DE UNA ESCALERA lo delimita
un teatro dominado por el tono evasivo y la reiteración de
fórmulas constructivas, que repone o estrena obras de autores que alcanzaron éxito de público antes de la guerra (Ar-
niches, Marquina, Benavente) o de sus seguidores; son dramaturgos representantes de lo que Francisco Ruiz Ramón
ha denominado «teatro público»[5], entre los que se encuentran José María Pemán, Juan Ignacio Luca de Tena, José
López Rubio, Joaquín Calvo Sotelo, Víctor Ruiz Iriarte o
Edgar Neville; seguidores de Benavente en cuanto a la es-
merada construcción de «piezas bien hechas», con cierta
dosis de crítica moderada, algo de humor y tonos melodra-

---

[5]   Francisco Ruiz Ramón, *Historia del teatro español. Siglo XX,* Madrid, Cátedra, 1977[3], págs. 297-301.

máticos, en las que se propone siempre una amable solución de los conflictos humanos, que no comprometen más allá del tiempo que dura la representación [6]. Entre tanto, una dramaturgia extranjera no siempre conocida en este momento por los autores españoles y apenas por el público va desarrollando importantes conceptos sobre el compromiso humano y social: el existencialismo como actitud individual y la consideración del destino de los grupos menos afortunados de la sociedad.

Atendiendo a esta contextualización, HISTORIA DE UNA ESCALERA se erige como una isla de compromiso en el ámbito del teatro español de su tiempo y se incardina dentro de un canon literario que afecta a los demás géneros del momento, en los que habían surgido obras como *La familia de Pascual Duarte,* de Camilo José Cela; *Nada,* de Carmen Laforet, e *Hijos de la ira,* de Dámaso Alonso.

Un profundo conflicto individual de marcado sesgo existencial es el constituyente básico de unas personalidades que chocan contra un muro de soledad, aislamiento, incomprensión y desarraigo, propiciados por una sociedad que tiene su reflejo en el microcosmos interior de la escalera vecinal. Por su construcción, se aproxima al protagonismo colectivo que desde finales de los años veinte va ocupando una parcela de los escenarios europeos y norteamericanos, donde el ciudadano es situado en su entorno y los conflictos individuales

---

[6]   Recuérdense las obras que fueron seleccionadas para constituir el volumen que la editorial Aguilar publicaba con lo mejor de la temporada 1949-1950 *(Teatro Español. 1949-1950,* prólogo, notas y apéndice de Federico Carlos Sainz de Robles, Madrid, Aguilar, 1950); allí, con *Historia de una escalera,* figuran *Dos mujeres a las nueve,* de Juan Ignacio Luca de Tena y Miguel de la Cuesta; *La visita que no tocó el timbre,* de Joaquín Calvo Sotelo; *Celos del aire,* de José López Rubio, y *El landó de seis caballos,* de Víctor Ruiz Iriarte.

forman parte de un acontecer colectivo[7]. La pieza es pionera en el panorama del drama español de la época, ya que, en el momento de su estreno, la presencia del grupo social en el teatro daba lugar a situaciones melodramáticas, cómicas o grotescas pero no se planteaba con ello una revisión seria y problemática de la vida de las clases populares[8].

El otro punto clave de este argumento sobre el valor indiscutible de la pieza es el que se refiere a la *situación* en que se produce su escritura: una primera obra estrenada de un autor que sólo tenía en su haber dramatúrgico algunos otros textos desconocidos. La crítica inmediata al estreno supo valorar sus calidades y la trascendencia que había de tener en la renovación del teatro español, como ha indicado acertadamente Mariano de Paco[9].

---

[7]   No debe olvidarse, por ejemplo, que en 1947, coincidiendo con la redacción de *Historia de una escalera,* el norteamericano Arthur Miller sacaba a la luz *Todos eran mis hijos* y, en 1949, *La muerte de un viajante;* cuarenta y cinco años más tarde, Miller y Buero, ya octogenarios, estrenarán *Cristales rotos* y *Las trampas del azar,* respectivamente. Una misma idea los guiaba desde sus diferentes territorios geográficos e históricos al reiniciar la andadura de una nueva tragedia contemporánea. En 1988 recordaba el dramaturgo español: «Cuando vi por primera vez una obra de Arthur Miller me causó una impresión muy viva, quizá porque advertí un paralelismo entre su concepción dramática y la mía. [...] La tragedia no tenía por qué tratar, al modo de los clásicos, los conflictos de grandes personajes, ya fuesen reyes o caudillos, sino conflictos del hombre común». («Arthur Miller, un restaurador de la tragedia moderna», *ABC,* 20 de diciembre; *O. C.* II: 1197-1198.)

[8]   Desde este punto de vista, la similitud que algún crítico observó entre *Historia de una escalera* y *La casa de Tócame-Roque* o *La revoltosa* se reduce a la consideración del lugar donde transcurren los hechos y a la categoría social de los personajes.

[9]   Véase Mariano de Paco, «Los comienzos del teatro de posguerra. (La escena española en torno al medio siglo)», en Manuel José Ramos Ortega y Ana-Sofía Pérez-Bustamante Mourier, eds., *Literatura española alrededor de 1950: Panorama de una diversidad, Cuadernos Draco,* 2, 1995, págs. 58-63. En el apartado correspondiente a Documentación complementaria damos cuenta de varias opiniones sobre la obra, recogidas de la prensa y de estudios especializados.

Antonio Buero Vallejo es el iniciador y propulsor en nuestra época de dos importantes modalidades teatrales que suponen la renovación del género dramático en nuestro país: la tragedia contemporánea, con personajes del aquí y ahora del vivir cotidiano del momento de las respectivas escrituras; y la nueva fórmula del teatro histórico, entendido como revisión de nuestro más conflictivo pasado y como «iluminador» de las acciones presentes. Su figura enlaza así la dramaturgia española con el resto de la dramaturgia occidental y abre un camino por el que vienen transitando distintas generaciones de autores y autoras desde los años cincuenta. El que se haya convertido en un maestro no implica que su ejemplo haya coartado las posibilidades de expansión de los más jóvenes o impedido el desarrollo de dramaturgias de distinto signo. La lección de Buero para los otros dramaturgos es abierta, como la intención de sus piezas, y es perceptible ante todo en la actitud crítica que adoptan los escritores y en la tendencia a la renovación de las formas, más que en la reiterada imitación a ciegas de fórmulas o estructuras.

Desde esta perspectiva es innegable la influencia de nuestro autor en la llamada «generación realista». La presencia en escena del pueblo oprimido por las penurias económicas o las trabas individuales y sociales que soportan los menos afortunados son fundamentales en piezas como *El grillo,* de Carlos Muñiz; *La camisa* o *La pechuga de la sardina*, de Lauro Olmo; *Historia de unos cuantos, Los inocentes de la Moncloa* o *Los quinquis de Madriz,* de José María Rodríguez Méndez; *Las salvajes en Puente San Gil,* de José Martín Recuerda; *La madriguera,* de Rodríguez Buded; y en textos de Fernando Martín Iniesta. No se deben tampoco olvidar obras como *Muerte en el barrio* o *La cornada,* de Alfonso Sastre, autor que recibió el estreno de

HISTORIA DE UNA ESCALERA con muestras de entusiasmo: «Los "dramaturgos" monopolizadores de nuestro teatro han palidecido, pensando —es posible— que va a ser preciso trabajar seriamente, y algunos nos hemos solidarizado plenamente, como era de esperar, con la presencia de este nuevo autor en el escenario» [10].

Autores más jóvenes, como Domingo Miras o Ignacio Amestoy, han reconocido sin ambages, a través de sus palabras y de sus obras, la herencia recibida [11]. Visibles marcas buerianas pueden advertirse en el primer teatro de Josep M. Benet i Jornet y Ana Diosdado. La vuelta al realismo en los dramaturgos surgidos en la democracia se acerca bastante a la corriente iniciada en HISTORIA DE UNA ESCALERA que el propio Buero proyecta en obras posteriores como *Hoy es fiesta* o *Las cartas boca abajo.* La huella de que hablamos se percibe, por ejemplo, en el teatro de José Luis Alonso de Santos [12], o en la obra de Fernando Fernán-Gómez *Las bicicletas son para el verano,* ganadora del premio Lope de Vega en 1977. Dos jóvenes dramaturgas muestran a las claras la impronta del

---

[10]   Alfonso Sastre, «El premio Lope de Vega 1949», *La Hora,* 6 de noviembre de 1949.

[11]   En distintos lugares hemos dado cuenta de la declaración hecha por Miras sobre el influjo de Buero en su obra y en la de sus contemporáneos (véase, por ejemplo, «Entrevista a Domingo Miras», *Primer Acto,* 247, enero-febrero de 1993, pág. 17). Asimismo, este autor dedica su *Penélope* «Al autor de *La tejedora de sueños»,* al que consideraba su maestro. En 1979 Ignacio Amestoy escribe *Mañana, aquí, a la misma hora;* en la obra, además del motivo argumental (el ensayo de una escena de *Historia de una escalera),* se encuentra la angustiosa idea de reiteración que viene desde el título, claro homenaje a esta obra y a su creador.

[12]   Recuérdense *La estanquera de Vallecas* o *Trampa para pájaros,* obra esta última en la que se da incluso la dicotomía tan estudiada en la dramaturgia bueriana entre la actitud del soñador y la del hombre de acción.

maestro: Paloma Pedrero [13] elige a sus criaturas en el conflictivo e inseguro mundo de la calle para sacar a la luz sus
luchas por conseguir la autenticidad y un lugar en el que
instalarse; Pilar Pombo con *No nos escribas más canciones*
realiza un homenaje explícito a *Hoy es fiesta,* al elegir la
azotea de la casa de vecinos del barrio deprimido como escenario donde los seres de su presente ponen al descubierto
ilusiones, temores y actitudes; mientras que en *Regreso a
Villa Carpanta* coloca a los personajes ante el difícil juego
de la verdad, en una búsqueda de autenticidad que han llevado a cabo tantas figuras del teatro bueriano.

También se percibe la imagen del autor en el papel que
juega el destino sobre los personajes del teatro de Carmen
Resino o en la noción del poder —político o social— como
amenaza para los individuos, tema este muy del gusto de
los autores que surgen en torno al 68. Especialmente interesante es el influjo que ejerce su concepción del drama histórico; esta línea temática vendrá auxiliada por diversos
procedimientos de investigación formal (secuenciación
de la trama, juegos con el tiempo y el espacio, utilización de
medios audiovisuales, etc.) que conectan la obra bueriana
con las nuevas fórmulas espectaculares y la dimensión
épica del teatro occidental. En el teatro español actual una
extensa nómina de autores (José Martín Recuerda, José
María Rodríguez Méndez, Carlos Muñiz, Fernando Martín
Iniesta, Jerónimo López Mozo, Domingo Miras, Ignacio

---

[13]   La autora ha participado junto con Domingo Miras e Ignacio
Amestoy, en una mesa redonda sobre la presencia de Buero en sus respectivas dramaturgias y en su actitud artística, dentro del Homenaje que
la Universidad de Murcia ofreció al autor en noviembre de 1996 (véase
Primer Acto, 267, enero-febrero de 1997, págs. 147-149). La intervención de Paloma Pedrero («Pienso en Buero») puede verse en el monográfico dedicado a Buero Vallejo de *Montearabí,* 23, 1996, págs. 81-86.

Amestoy, Ana Diosdado, José Sanchis Sinisterra, Carmen Resino y Concha Romero, entre otros) cultivan este nuevo teatro histórico. Buero es «maestro de dramaturgos» casi desde el momento mismo del inicio de su escritura, cuando con ciegos o videntes alentó al público a mirar y a ver, a enfrentarse con ese mundo conflictivo que, extraído de la realidad del hombre de la calle, él ponía en los escenarios.

HISTORIA DE UNA ESCALERA

«Vivir es *ver volver*. Es ver volver todo en un retorno perdurable, eterno» [14]. Esta afirmación parece guiar la primera obra estrenada por Antonio Buero Vallejo, quien en «La farsa eterna» califica de «portentoso» el relato del maestro de Monóvar, al tiempo que lo reconoce como uno de los textos hispanos que le influyeron en la concepción del suyo [15]. La idea de reiteración, unida a la de un destino que

---

[14]   Azorín, «Las nubes», *Castilla,* edición de Inman Fox, Madrid, Espasa Calpe, Austral, 1991, pág. 163.

[15]   A. Buero Vallejo, «La farsa eterna», *Semana,* 19 de febrero de 1952 *(O. C.* II: 339-344). Tiempo después y en otro lugar («Mi teatro», texto de la intervención en el ciclo «Literatura viva», de la Fundación Juan March, noviembre de 1975, publicado en *Teatro español actual,* Madrid, 1977; *O. C.* II: 469-480) explicaba, saliendo al paso de quienes habían dado en encontrar influencias extranjeras para *Historia de una escalera,* que él reconocía dos españolas que casi nadie había detectado: «La de *Azorín,* por su breve y maravilloso relato *Las nubes,* y también la influencia parcial de Claudio de la Torre, concretamente la del primer acto de su *Tic Tac.* [...] El problema de *Las nubes,* que todos ustedes conocen, es en el fondo idéntico al de la *escalera:* [...] en él late una inquietud por el enigma del tiempo que considero también muy mía. Y si esta similitud de estructura, que yo no eludí, puede tal vez degradar la originalidad —concepto siempre tan discutible— de mi *escalera,* poco importa». Véase Mariano de Paco, «Azorín y Buero Vallejo», *Montearabí,* 23, cit., págs. 71-80.

actúa en varias dimensiones, marca profundamente la pieza con el sello de la tragedia, como desde un primer momento ha explicado su autor en los textos que precedieron y siguieron a su estreno:

> Es una tragedia, porque la vida entera y verdadera es siempre, a mi juicio, trágica. [...] Nuestra percepción de la realidad se ha afinado, y la chispa trágica puede saltar hoy en la escena y hasta incendiarla utilizando figuras, situaciones o lugares que los clásicos nunca emplearon más que para las acciones secundarias [16].

Desde el versículo de Miqueas que antecede al texto dramático, el lector queda focalizado por esta especie de acotación para considerar que un inexorable destino encarnado en las relaciones domésticas gravita sobre los personajes del drama, quienes, sin saberlo, como los sartrianos individuos atrapados en *A puerta cerrada,* harán imposible a los otros la salida. Así entendido, el texto profético actúa sobre la vida de los personajes de esta acción de igual manera que las predicciones del oráculo clásico lo hicieran sobre los de la antigua tragedia ática, colocando la existencia de estos nuevos héroes trágicos en la cuerda floja y su final abocado a la caída [17].

---

[16]   A. Buero Vallejo, «Palabra final», cit. *(O. C.* II: 326-327).

[17]   Arturo del Hoyo («Sobre *Historia de una escalera», Ínsula,* 47, 15 de noviembre de 1949. Reproducido en Mariano de Paco, ed., *Estudios sobre Buero Vallejo,* Murcia, Universidad, 1984, pág. 188) apreciaba que «la tragedia surge cuando el autor se enfrenta no con una situación especial de algunos personajes, sino al cogerlos a todos por los cabos de las raíces de su humanidad. Y en este sentido, sí, a pesar de la modernidad de nuestro tiempo, *Historia de una escalera* es tragedia de hombres completos, clavados en su existencia, como es trágica toda vida en su entereza».

Sin embargo, la acción del destino no es incompatible con el sentido de tragedia abierta o esperanzada que el autor defiende: «La repulsa de lo trágico no es otra cosa que la incapacidad para permanecer esperanzados después de asomarse al espectáculo total de la vida y sus derrotas» [18]. En «Cuidado con la amargura», sale al paso de los que critican en su obra una actitud pesimista y pregunta:

> ¿Por qué tener —artísticamente— cuidado con la amargura? ¿De dónde procede ese temeroso precavimiento ante las buenas gotas amargas que fortalecen nuestro apetito vital? [...] Al amargo de la vida no se le vence con la explosión mecánica de la risa o el aturdimiento de las distracciones, sino con su contemplación valerosa. [...] Yo no creo que la falta de soluciones en la comedia implique que éstas no existan; y creo, por el contrario, que en una obra de tendencia trágica es precisamente su amargura entera y sin aparente salida la que puede y debe provocar, más allá de lo que la letra exprese o se abstenga de decir, la purificación catártica del espectador [19].

A partir de este texto se pueden apreciar algunas claves sustanciales sobre los finales esperanzados de la tragedia bueriana que afectan, más que a los personajes de la fábula dramática, al espectador. En la pieza que nos ocupa es difícil pensar que la vida va a cambiar para la joven generación que se promete un destino distinto del de sus padres; lo es porque el texto, como elemento construido, nos induce a una interpretación que frustra las esperanzas de los personajes que intervienen en el drama. Pero, como muy bien ha

---

[18] A. Buero Vallejo, «Lo trágico», *Informaciones,* 12 de abril de 1952 *(O. C.* II: 589).
[19] *Correo Literario,* 15 de junio de 1950 *(O. C.* II: 579).

indicado el dramaturgo: «La fuerza del teatro está en las pasiones y en la vida más que en las ideas o soluciones absolutas; en sugerir y conmover más que en afirmar» [20].

La tragedia como la concibe Buero Vallejo proyecta su apertura hacia el receptor si sabe, a partir de la catarsis que en su espíritu puede provocar la visión de las vidas desarrolladas en escena, modificar el curso de la suya; no obstante, en algunas de sus piezas sí se sitúa la esperanza entre los elementos integrantes de la trama. Ésa es la función de la melodía en *La señal que se espera;* la asunción del dolor por parte de Leticia en *Casi un cuento de hadas;* el éxito de Amalia en *Madrugada;* la presencia de Valentín Haüy, en el epílogo distanciador de *El concierto de San Ovidio;* el marco de sociedad futura desde el que se desarrolla la sórdida historia de traición y rencores de *El tragaluz;* la presencia de Cristina en *Jueces en la noche;* la superación del pasado de Charito por La Dama en *Caimán;* los personajes de Amparo y René en *Lázaro en el laberinto* y *Música cercana,* respectivamente; o la visión consciente de sus limitaciones que posee Patricia en *Las trampas del azar.*

El público, colocado ante unos personajes y unas historias, habrá de implicarse cuando salga del teatro, si piensa que lo que allí ha sucedido debe modificarse. Es éste un efecto de gran modernidad que subyace en la tragedia bueriana desde su primer texto; la mayor parte de las veces el autor no ofrece una historia resuelta, sino que plantea un problema que excede el ámbito de la escena. Esta característica puede considerarse ahora en una línea *brechtiana,* pero estaba en sus obras antes de que Buero tuviese con-

---

[20]   «Ante el estreno de *Historia de una escalera.* Autocrítica», *El Noticiero Universal,* Barcelona, 25 de julio de 1950 *(O. C. II: 321).*

tacto con Brecht[21]. Ejemplos de esta actitud distanciadora anterior al conocimiento del dramaturgo alemán los tenemos en dos momentos de HISTORIA DE UNA ESCALERA; al final del primer acto Fernando y Carmina se prometen amor eterno y otra vida más feliz, ante el espectador, que *participa* de la emocionada declaración de los jóvenes; pero la caída estrepitosa de la cacharra de la leche lo saca de la magia de la escena. Al mismo tiempo, el *conocimiento* que posee del cuento evocado por el símbolo escénico lo lleva a razonar sobre el futuro real de la imagen *contemplada*.

El otro momento se encuentra cuando concluye el acto tercero; en idéntica situación que sus padres, Fernando y Carmina hijos se intercambian las mismas promesas. El discurso conocido no permite ahora al público la *participación emotiva* que su enunciación en el acto inicial le había producido; por si esto no fuese suficiente, la presencia de los padres, que observan la escena de la joven pareja a escondidas, lo *distancia* por tener que diversificar sus puntos de vista para atender al efecto metateatral de los dos planos representados. El teatro de Antonio Buero Vallejo se mueve, desde el principio, en ese difícil equilibrio entre la participación y la distancia con el que consigue lo que andando el tiempo señaló en sus artículos teóricos: el teatro ha de servir no para adormecer, sino para despertar las conciencias pero sin renunciar por ello a la emoción dramática arrolladora «que funde en comunión emotiva a los espectadores sin que por ello deje de promover, con gusto o a desgana, pero inevitablemente, su condición crítica»[22].

---

[21]   Con respecto a Bertolt Brecht puede verse: A. Buero Vallejo, «A propósito de Brecht», *Ínsula,* 200-201, julio-agosto de 1963; y «Brecht dominante, Brecht recesivo», *Yorick,* 20, noviembre de 1966 *(O. C.* II: 693-701 y 716-721, respectivamente).

[22]   «A propósito de Brecht», cit. *(O. C.* II: 693).

ELEMENTOS TEMÁTICOS Y ARGUMENTALES

El tema del paso del tiempo y la reiteración de actos y situaciones se articula en esta pieza a partir de un argumento que recoge instantes de diversas vidas asociadas por el espacio que transitan. En realidad, aunque el título aluda a la *historia* de la *escalera,* el proceso (la historia) concierne a las personas que la pueblan, ya que esa noción lleva implícitas las de fluir de acontecimientos y cambios en las situaciones, y la escalera no padece alteración alguna durante los treinta años que comprende la fábula dramática. Apenas se ve afectada en este tiempo por los sucesos ocurridos en los espacios omitidos (la calle y el interior de las viviendas) y, sin embargo, éstos son decisivos para las personas que los ocupan o los recorren. Esta *escalera* es como aquel *balcón* de la ciudad azoriniana desde el que un hombre, *siempre el mismo y siempre distinto,* igual que los espectadores de teatro, reflejaba el paso del tiempo, colocado frente a las mutaciones que afectaban a los seres de cada una de las tres épocas del relato[23].

La pieza posee una construcción argumental ajustada a la estructura de *planteamiento, nudo* y *desenlace;* en el primer acto se encuentran la presentación de los personajes y de los diversos motivos temáticos; el segundo ofrece el *desarrollo* de dichos elementos, para, en el tercero, *concluir* cada una de las acciones. La presencia de los hijos al final no implica falta de conclusión; el conflicto protagonizado por sus padres ha terminado cuando ellos entablan su último coloquio, tras la impetuosa disputa de sus mayores. Con ella, el espectador ha sido testigo del final de sus trayectorias; lo que quede en adelante no supone modificacio-

---

[23]   *Azorín,* «Una ciudad y un balcón», *Castilla,* cit., págs. 135-143.

nes porque el escenario ha proyectado hasta dónde pueden llegar esos seres marcados por el engaño, la frustración y la pasividad. La de los hijos constituirá una nueva posible historia que el público habrá de confeccionar, de acuerdo con las conclusiones a las que haya llegado.

Diversas escenas, no marcadas explícitamente por el dramaturgo, pueden señalarse en cada uno de los tres actos; mediante ellas se establecen las relaciones entre los personajes, se plantean los problemas y se va conociendo el microcosmos dramático donde se desenvuelven. Las escenas, a su vez, pueden ser secuenciadas en unidades menores con las que el autor ha organizado el ritmo del proceso textual y representable.

La composición de la pieza, tanto en sus valores de contenido como dramatúrgicos es perfecta. El tiempo es el factor determinante de los actos; el relevo en el protagonismo de uno o varios personajes y el núcleo temático dominante de cada momento actúan como configuradores de las escenas. Y las pequeñas variaciones que estos elementos sufren sirven para distinguir las secuencias. Cuatro escenas hemos diferenciado en cada acto y cada una es un paso firme y medido para avanzar en el reconocimiento de los seres y de sus conflictos.

El acto primero se abre con una escena de ambiente en la que un empleado va a cobrar los recibos de la luz. De este personaje sólo se ofrecen dos rasgos externos: que sube «fatigosamente» la escalera y que, una vez arriba, ha de detenerse «para respirar»; desde este momento, su actuación lo caracteriza. El personaje no posee desarrollo psicológico ni histórico pero actúa como desencadenante del tema de las penurias económicas que atenazan a la mayor parte de los vecinos.

A su llamada acuden algunos de los habitantes del rellano (Paca, Generosa, Elvira, doña Asunción), quienes se irán configurando poco a poco y, mediante su charla, darán perfil a otros de los integrantes del grupo. El autor maneja una interesante técnica dramatúrgica; cada escena y, dentro de ella, cada secuencia poseen una función anticipadora, de tal forma que a los personajes principales y a los sucesos más significativos se alude antes de que se muestren o acontezcan ante el público. Así ocurre con Urbano, cuyo talante impulsivo está sugerido por su madre en la primera secuencia del drama, al protestar por la cuantía del recibo: «Esto se arreglaría como dice mi hijo Urbano: tirando a más de cuatro por el hueco de la escalera». La amenaza, nunca llevada a efecto, se convertirá en motivo repetido en boca del personaje a lo largo de su actuación, caracterizándolo por sus impulsos violentos y su falta de resolución. De modo similar, Fernando es aludido en repetidas ocasiones antes de hacer su aparición en la última secuencia de esta escena; asimismo, en el comentario de Trini sobre Elvira («Como la niña está loca por Fernandito...») se anticipa el origen del conflicto amoroso, visto en este primer momento de una forma superficial.

En la escena segunda serán los dos personajes masculinos presentados en la anterior los que ocupen el centro de la acción. Desde la primera secuencia surge el problema social en boca de Urbano, el proletario sindicalista que pretende la acción colectiva, enfrentado al individualismo insolidario de Fernando, que también exterioriza sus temores («Es que le tengo miedo al tiempo»). Se plantea, además, el conflicto personal de la correspondencia amorosa que Urbano trata de descubrir en Fernando: «Porque la hija de la señora Generosa no creo que te haya llamado la atención... *(Pausa. Le mira de reojo, con ansiedad.)* ¿O es ella? ¿Es Carmina?». Enlazando con el tema del amor, aparece Rosita y, como nuevo motivo argumental, su oscura relación con Pepe. Al terminar la escena, el receptor está inmerso en un complejo universo que, merced a los contenidos del diálogo, ha dejado de ser tópico para convertirse en inquietante.

La tercera escena desarrolla las relaciones entre Fernando y Elvira preparando así la situación en la que el público los ve en el acto segundo. El antagonismo entre los dos jóvenes, manifestado en el diálogo que sostienen en la segunda secuencia de esta escena, justifica la relación agresiva de diez años más tarde. Sin embargo, no es el discurso de los interesados la única fuente de información para el receptor. Sus actuaciones serán comentadas por Paca y Generosa, quienes se encargan de trasladar también la penosa sensación de sus propias existencias maltratadas.

El encuentro de Fernando y Carmina y las promesas para el porvenir componen la última escena, que, al cerrarse con el símbolo de la leche derramada, resulta un signo de lo que, una década después, se advierte que ha sucedido en la escalera.

La frustración y el aniquilamiento son los temas básicos del acto segundo. La muerte polariza la primera escena, guiada por las consideraciones del señor Juan, quien, junto a Trini, adquiere protagonismo en este tiempo. Ellos introducen el concepto de solidaridad a partir de su relación tolerante con Rosa. La escena segunda guarda relación con la cuarta del primer acto por contener una declaración de amor y un engaño [24]; en la cuarta, las dos parejas compuestas por Fernando y Elvira, Carmina y Urbano hacen gala de

---

[24]   Mariano de Paco ha notado (*«Historia de una escalera,* veinticinco años más tarde», *Estudios sobre Buero Vallejo,* cit., pág. 200) que «en cada acto hay una violenta disputa y una declaración amorosa en una medida y buscada ambigüedad, que en Buero tiene categoría de presupuesto dramático».

un comportamiento hipócrita e inauténtico causante de su ya iniciado fracaso.

El tiempo es el elemento axial de la primera escena del acto tercero, compartido por el ayer representado en Paca y el hoy del momento de la escritura, encarnado en el Joven y el Señor, símbolos de un «mañana» no menos «vano» que el «ayer», aunque con distinta caracterización.

Una extensísima escena segunda da a conocer a la nueva generación de la escalera (Manolín, Fernando hijo y Carmina hija), en problemática relación entre ellos mismos y con sus padres. El pasado, con su carga de iniquidad, condiciona el comportamiento de los padres, provocando la separación del hijo: «No os comprendo». Sólo Rosa y Trini han llegado a un triste y sosegado entendimiento porque «al final hemos venido a fracasar de igual manera».

Con la escena tercera llega el desenlace de la trágica historia vivida por la generación intermedia y un primer final de la pieza. Allí salen a la luz los reproches contenidos durante treinta años por Carmina, el desprecio de clase que Elvira profesa a sus vecinos, la frustración de Urbano y la falta de carácter de Fernando en un proceso de *reconocimiento* individual y colectivo abocado a la *catarsis*. El segundo final está constituido por la escena entre Fernando y Carmina hijos, que, como en el primer acto, es la cuarta y repite el ciclo en el eterno retorno que sus padres y el espectador contemplan como lo habían hecho Calisto y el lector en el relato azoriniano [25].

---

[25] «Calisto contempla estático a su hija. De pronto, un halcón aparece volando rápida y violentamente por entre los árboles. Tras él, persiguiéndole, todo agitado y descompuesto, surge un mancebo. Al llegar frente a Alisa se detiene absorto, sonríe y comienza a hablarla.

Calisto lo ve desde el carasol y adivina sus palabras» (Azorín, «Las nubes», cit., pág. 164).

Tiempo y espacio

Es bien sabido que la profundidad de las ideas y la seria reflexión que las obras de Buero han propuesto sobre los conflictos éticos, sociales e individuales de cada uno de los momentos de su tiempo han velado, en cierto modo, la consideración de los aciertos dramatúrgicos que en tan gran medida como los temáticos y argumentales poseen sus obras. Tiempo y espacio han supuesto para el autor elementos destacables de la conflictiva existencia humana por creerlos «los grandes límites del hombre» pero también constantes motivos de indagación técnica. En 1950 indicaba: «La construcción técnica me preocupó especialmente; un escenario "de puertas afuera" imponía una forzosa fugacidad en las situaciones, muy interesante de resolver» [26]; y en otro lugar subrayaba: «Creo que fueron dos preocupaciones simultáneas las que me llevaron a escribir la obra: desarrollar el panorama humano que siempre ofrece una escalera de vecinos y abordar las tentadoras dificultades de construcción teatral que un escenario como ese poseía» [27].

El espacio de la escalera está perfectamente descrito desde la primera acotación que, en su detallismo y funcionalidad, constituye un perfilado boceto escenográfico. Sólo la adjetivación permite observar que este lugar goza también de valor simbólico al coincidir en su decrepitud y desgaste con el proceso seguido por las vidas que en ella se desarrollan y con la imposibilidad que los seres que la pueblan tienen para modificar su destino. El deterioro se subraya por la permanencia del mismo espacio descrito al

---

[26]   «Ante el estreno de *Historia de una escalera*. Autocrítica», cit. *(O. C.* II: 321).
[27]   «Palabra final», cit. *(O. C.* II: 326).

inicio del acto segundo. La calificación del entorno y sus objetos («modesta», «pobre», «sucia», «polvorienta») corrobora la tajante aseveración de la frase que antecede: «Han pasado diez años que no se notan en nada». Al comienzo del tercer acto algo ha cambiado: «La ventana tiene ahora cristales romboidales coloreados, y en la pared del segundo rellano, frente al tramo, puede leerse la palabra QUINTO en una placa de metal. Las puertas han sido dotadas de timbre eléctrico, y las paredes, blanqueadas»; sin embargo, el dramaturgo *avisa* desde la acotación que todo ello es un disfraz que el casero ha superpuesto a la escalera de siempre. Igual ocurre con los nuevos inquilinos; parecen personas distintas, pero en el fondo son también insustanciales y mezquinos; otro tanto se podría decir de los jóvenes que a continuación aparecerán en ella, quienes, bajo la apariencia de pureza, esconden ya quizá el germen de la inautenticidad [28].

Este espacio «de puertas afuera» coloca al espectador en posición distanciada, capacitado por el dramaturgo para captar únicamente aquello que los personajes están dispuestos a expresar en el lugar de paso. El hecho de que la calle y sus conflictos sociales y políticos y las viviendas con su bullir interior sean espacios omitidos para el receptor determina que éste sea *conducido* hacia el reconocimiento de situaciones y personajes por breves retazos conversacionales que, sin embargo, producen la sensación de un proceso vital completo.

De la problemática realidad social eludida en la representación informan las mujeres, que se quejan al pie de

---

[28] Algunas pistas para pensar en ello ofrece el dramaturgo desde las acotaciones, cuando califica a Carmina hija de «atolondrada» y a Fernando hijo de «pueril», y le adjudica al joven un temperamento violento y desconsiderado al tratar a su hermano.

las puertas de sus casas del difícil trance de llegar a fin de mes; el «casinillo», espacio de la confidencia, recoge y transmite la información sobre los movimientos políticos del exterior, con el renacer de la conciencia obrera y su lucha contra la burguesía adocenada, y muestra los afectos y el desamor; el reproche político surge en la inestable posición que supone hallarse entre los peldaños queriendo escapar de una verdad ya ineludible. El conjunto de la escalera que ocupa el escenario no es sólo un lugar de encuentro entre personajes; es el lugar donde rebosa el recipiente que detrás de las puertas se ha llenado de amargura y frustración, y viene de la calle colmado de desencanto y fracaso.

Es preciso también entender el tiempo en varios sentidos: de un lado, posee la noción de «límite» que afecta al tema, de lo que habla Fernando en la escena segunda del acto primero; de otro, contiene la dimensión dramatúrgica como constituyente básico del hecho teatral y condicionante de su estructura[29]. Buero, buen conocedor del género, ha manipulado tiempo y espacio a lo largo de toda su producción: en *Aventura en lo gris,* el tiempo onírico de «El Sueño» interpolado en la acción presenta hechos que están ocurriendo en el tiempo real, y el público sólo toma conciencia de ello al descubrirse el cadáver de Isabel; la sujeción del tiempo de la historia escenificada al de la representación está marcada en escena por un reloj en *Madrugada;* la di-

---

[29]   «Lo que nos planteamos cuando hacemos una obra de teatro, o cuando reflexionamos simplemente sobre la vida, es en qué demonio de aventura estamos metidos. Y ese demonio de aventura está regido por un ente implacable que llamamos tiempo. En mi caso, la especulación acerca del tiempo es tan antigua como mi más antigua obra» (Belén Gopegui, «Toda obra es una experiencia nueva» [Entrevista con Buero Vallejo], *El Público,* 73, octubre de 1989, pág. 10).

versidad temporal presente en el doble plano del escenario
es la base de la estructura dramatúrgica de *El tragaluz* y de
La doble historia del doctor Valmy; en *La Fundación,* el
receptor se ve inmerso en la falacia espacial que genera la
mente culpable de Tomás; los dos elementos (tiempo y espacio) se ensamblan de tal manera en *La detonación* que
los lugares son símbolo y representación del tiempo, ya
que toda la obra constituye una inmersión en el pasado y
lo que el espacio escénico muestra son referencias crono-
lógicas del proceso de aniquilación de la víctima. Aunque
en muchas de sus obras estos integrantes son elementos
fundamentales, sírvanos como último ejemplo el extraor-
dinario juego espacio-temporal con que se estructura la acción de *Jueces en la noche.*

A pesar de su aparente sencillez, las nociones de
tiempo en HISTORIA DE UNA ESCALERA son múltiples y su
función dramatúrgica, sustancial. Una precisión objetivada
por el autor («es una obra en tres actos y treinta años») fija
el tramo temporal en el que se producen los hechos drama-
tizados; y en otro lugar reconoce: «Las concreciones de
tiempo —años 1919, 1929 y 1949— y de lugar —Madrid— que las representaciones y sus programas han ofre-
cido por imperativos elementales del teatro, actuaron en mí
de una manera subterránea [...]. Pero ninguna de ellas entró
en el plan consciente del trabajo»[30]. El tiempo de la historia
representada, impreciso y ambiguo a partir de la primera
acotación («El espectador asiste, en este acto y en el siguiente, a la galvanización momentánea de tiempos que
han pasado. Los vestidos tienen un vago aire retrospectivo») posee la particularidad de ser reactivador («galvani-
zador») de los tiempos pasados con voluntaria indetermina-

---

[30]   «Palabra final», cit. *(O. C.* II: 325-326).

ción, lo que concede a la pieza el carácter de *teatro histó-rico* en la línea que el propio Buero iniciaría de hecho en 1958 con *Un soñador para un pueblo;* ese teatro que «ilumina nuestro presente [...] y nos hace entender y sentir mejor la relación viva existente entre lo que sucedió y lo que nos sucede»[31]. La obra provocaba en el momento de su estreno, y en el de cada una de sus representaciones posteriores, una mirada hacia atrás por parte de los espectadores, una contemplación del ayer activadora de la reflexión sobre el hoy, de ahí surge la nueva noción de tiempo dramatúrgico que afecta al espectador, al conectar éste su realidad presente con la del presente de los personajes de la escena, y lo capacita para resolver si está dispuesto a superar el «eterno retorno». Visto así, el tiempo de HISTORIA DE UNA ESCA-LERA, es, como en *El tragaluz, Valmy* o el teatro histórico, un generador de perspectivas favorecedoras del reconocimiento y la catarsis[32]. Al contar con el público como futuro superador de los males sufridos por sus personajes, Buero estaba esbozando la idea básica de *El tragaluz,* cuyos representantes de un mundo no contaminado podrían ser aquellos de los espectadores capaces de librarse de las taras del mundo presente.

Casi cincuenta años después, el autor recoge en otros personajes (Gabriel y Matilde, de *Las trampas del azar*) esa generación de jóvenes que dejó haciendo promesas; el *retorno* se ha seguido produciendo, pero el dramaturgo aún mantiene la esperanza en la figura de Patricia, la joven de los años noventa que, inmersa en un mundo contaminado,

---

[31]   A. Buero Vallejo, «Acerca del drama histórico», *Primer Acto,* 187, diciembre de 1980-enero de 1981 *(O. C.* II: 828).

[32]   Véase Mariano de Paco, «El "perspectivismo histórico" en la obra bueriana», *De re bueriana,* Murcia, Universidad, 1994, págs. 89-99.

es consciente del peligro que corre y está dispuesta a luchar contra él[33].

Algunas marcas expresadas en el drama ayudan a configurar el tiempo de la historia; la más significativa, si aceptamos la contemporaneidad de la voz narrativa que surge de las acotaciones y el momento de escritura del texto, es la afirmación de la didascalia que encabeza el acto tercero: «Es ya nuestra época», correspondiendo a la de la conclusión del manuscrito o la de la escritura de la acotación. Sin embargo, es también la de cada momento posterior de lectura o representación de la pieza, porque con la generalización inicial («tiempos que han pasado») el autor indetermina los límites de los treinta años en los que lo sustancial es plantear la relación del hombre con su sociedad, con su entorno personal y con su propia naturaleza, y los conflictos que estas relaciones le producen. Todo ello es intemporal y sustenta la dimensión profunda, simbólica, de una obra que se presentó ante el público con la apariencia de un sainete y la etiqueta del realismo porque su autor quiso «hacer una comedia en la que lo ambicioso del propósito estético se articulase en formas teatrales susceptibles de ser recibidas con agrado por el gran público»[34].

---

[33]   Esta pieza, estrenada el 23 de septiembre de 1994, comienza cuando termina *Historia de una escalera,* si atendemos a la ubicación temporal de sus personajes. El proceso dramático, como en ella, se desarrolla durante treinta años; la joven pareja inicia su vida con una mentira, por lo que su existencia se verá contaminada como lo estuvo la de Carmina y Fernando, Urbano y Elvira. Al final, otra pareja joven, compuesta por Gabriel hijo y Patricia (cuyo parecido físico con Matilde las identifica como un parentesco) tomará el relevo, igual que ocurre en la obra de 1949 con Carmina y Fernando hijos. Puede verse, al respecto, mi Introducción a *Las trampas del azar,* Madrid, Espasa Calpe, Austral, 1995.

[34]   «Autocrítica de *Historia de una escalera»*, *ABC* y *Pueblo,* 14 de octubre de 1949 *(O. C.* II: 319).

A pesar de lo que afirmamos, existen indicios temporales que, bien observados, ayudan a descubrir el tiempo aludido por la acción y el de los acontecimientos políticos del exterior. En el primer acto se pueden tomar como claves el precio de los recibos de la luz y, sobre todo, el discurso político de Urbano acerca del sindicalismo y la huelga de metalúrgicos [35]. Estos indicios colocarán la acción hacia la mitad de la segunda década de nuestro siglo, momento en que nace el dramaturgo (1916). A partir de aquí las precisiones interesan menos; los diez años siguientes «no se notan en nada» en el espacio ocupado por los personajes, que sí han padecido los efectos del tiempo: doña Asunción, don Manuel y el señor Gregorio han muerto; «Paca y Generosa han encanecido mucho»; «Trini es ya una mujer madura»; Carmina «empieza a marchitarse» y Elvira («cuya cara no guarda nada de la antigua vivacidad») y Fernando tienen un hijo. Sobre Fernando y Urbano nada físico precisa el dramaturgo, salvo lo relativo a su atuendo, quizá porque, al ser los personajes polarizadores del conflicto, lo que le interesa es su persistencia en los errores de comportamiento individual y la falsedad de sus relaciones interpersonales.

Al comienzo del acto tercero, después de pasados veinte años más, una forma verbal de aspecto durativo marca la permanencia: «La escalera sigue siendo una humilde escalera de vecindad». El tiempo, sin embargo, ha hecho estragos físicos en los habitantes que quedan en pie, con lo que algunos son, a primera vista, irreconocibles, como se ad-

---

[35]   Véase Luis Iglesias Feijoo, «Lectura sociológica de *Historia de una escalera*», *Estreno,* V, 1, primavera de 1979. Reproducido en Mariano de Paco, ed., *Estudios sobre Buero Vallejo,* cit., págs. 221-235. Véase también el capítulo que dedica a *Historia de una escalera* en *La trayectoria dramática de Antonio Buero Vallejo,* Santiago de Compostela, Universidad, 1982, págs. 11-43.

vierte en la estructura de la frase con que la acotación da entrada a «una viejecita consumida y arrugada» que resulta ser Paca. La contemporaneidad está marcada por los dos nuevos inquilinos, cuyo dinamismo contrasta con la lentitud de la anciana y avisa de una nueva forma de fugacidad, la que imprime el comportamiento deshumanizado de los tiempos modernos; éstos tampoco parecen traer la esperanza porque sus representantes, absorbidos por el progreso, sólo han evolucionado en el nivel económico. Los efectos temporales están especialmente puestos de manifiesto en este acto, en el que el dramaturgo contrasta las evidentes diferencias exteriores con la noción final de «volver a empezar».

Las «huellas de la edad» se perciben en las parejas centrales, descritas como «casi viejos». Los hijos hacen también evidente el cambio. A Manolín, el pequeño de Fernando y Elvira, lo encontramos el día que cumple doce años. Muy significativo es el tiempo como elemento igualador de Trini y Rosa: «Una pareja notablemente igualada por las arrugas y la tristeza que la desilusión y las penas han puesto en sus rostros». Las hermanas viven ahora juntas; durante la elipsis ha muerto el señor Juan, con quien Trini tan bien se entendía, y Pepe ha dejado abandonada a Rosa; en fugaces retazos, situados en el discurso de los personajes, el receptor será informado de los sucesos del tiempo omitido y asistirá, por tanto, al proceso de evolución de las existencias. Las últimas frases intercambiadas, antes de cerrar la puerta de su casa, clausuran para el espectador la tragedia de estas dos mujeres.

En el discurso dramático nada, aparentemente, resulta indicio del terrible acontecimiento que ocupó el comienzo de la última década del tiempo omitido (1936-1939), pero una réplica de Urbano a Fernando en la escena tercera del tercer acto daba, antes de ser censurada, la clave temporal del conflicto exterior sufrido [36] y enlazaba en palabras y actitud con otra dada por el mismo personaje en la escena segunda del acto primero, cuando Urbano, en plena efervescencia sindicalista y juvenil, acepta: «Ya sé que no llegaré muy lejos; y tampoco tú llegarás». No es muy lógica esta posición en la figura del defensor radical de unas convicciones recién estrenadas, es más bien la actitud de un personaje construido desde la experiencia del fracaso, un personaje a quien el tiempo dramático ha demostrado lo que su autor ya sabía, que el esfuerzo ha sido inútil o que quizá ha faltado esfuerzo; por eso, antes de que el tiempo transcurra, él ha aceptado que «lo más fácil es que dentro de diez años sigamos subiendo esta escalera y fumando en este "casinillo"». El personaje siente el tiempo y, por tanto, posee la trágica sensación de ver «ya en el presente el pasado y en el pasado lo porvenir» [37].

CONSTRUCCIÓN DRAMATÚRGICA DE LOS PERSONAJES

Explicaba el autor en «Palabra final» que en HISTORIA DE UNA ESCALERA «hay cosas de las escaleras donde he vivido y de otras en cuyos barrios no viví nunca; hay cosas de gentes que me han querido y me han sufrido y a quienes he querido y sufrido, y cosas de gentes con quienes nunca

---

[36] Sobre los cambios exigidos por la censura en esta y otras obras de Buero, puede verse Patricia W. O'Connor, «Censorship in the Contemporary Spanish Theater and Antonio Buero Vallejo», *Hispania*, LII, 2, 1969. Reproducido en *Estudios sobre Buero Vallejo,* cit., págs. 81-92. La frase a la que aludimos pertenecía a Urbano, que, ante el reproche de Fernando, respondía: «Sí, hasta para vosotros los cobardes que nos habéis fallado», palabras sustituidas por: «¡Sí! ¡Hasta para los zánganos y cobardes como tú!».

[37] Azorín, «Las nubes», cit., pág. 163.

tuve que tratar». Esta vivencia, siquiera sea parcial, y la mirada del artista plástico que quiso ser proporcionan al dramaturgo una especial habilidad para la construcción de personajes con verdad y verosimilitud en sus comportamientos, actitudes y palabras; del mismo modo que explica la atención que presta al describir los elementos que han de componer el espacio escénico [38].

Lo que en 1950 un crítico veía como defecto de la pieza («Los tipos de la farsa, al humanizarlos, se convierten en entes del montón, desilusionados, pobres de espíritu, que viven la vida sólo por el hecho de haber nacido. Por ello también, por ser humanos, lo que les ocurre, sus trifulcas y sus pesares, son vulgares por lo corrientes» [39]) constituye uno de sus grandes aciertos. Buero supo convertir en materia artística la difícil cotidianidad de las clases menos privilegiadas y reflejar a través de estos seres insignificantes de aquel *aquí* y *ahora* los obstáculos con los que tropiezan hombres y mujeres de cualquier época, creando con ellos y con sus problemas un protagonismo colectivo, formado a

---

[38]   Una muy apreciable muestra de sus facultades como dibujante y pintor puede verse en Antonio Buero Vallejo, *Libro de estampas,* edición al cuidado de Mariano de Paco, Murcia, Fundación Cultural CAM, 1993. De esta colección son particularmente interesantes para nosotros los dibujos que posteriormente reconocemos como inspiradores de aspectos de sus obras teatrales, así los que reproducen imágenes velazqueñas o del mundo clásico; el titulado «El mundo de Goya», que, realizado a los quince años, adelanta de forma plástica *El sueño de la razón;* «En la escalera» podría ser un boceto del decorado y disposición de los personajes en la escena final de su obra, pero el autor explica en el texto que lo acompaña: «Dos años faltaban para mi primer estreno; ni remotamente preveía yo su proximidad»; algo semejante sucede con «Dos ventanas», que sugiere el escenario de *Música cercana,* obra escrita cuarenta años después.

[39]   Armando Matías Guiu, «Crítica de *Historia de una escalera», Fotogramas,* 93, 1950, pág. 20; en la misma página figura la «Contracrítica» de Buero *(O. C.* II: 321-323).

su vez por individualidades perfectamente delimitables en la complejidad de su construcción como personajes.

Los pobladores de la *escalera* se presentan desde diversas perspectivas y de forma paulatina ante el receptor; ello hace que éste adquiera, a partir de la diversidad de informaciones, un punto de vista complejo —humano— sobre ellos. En el acto primero concurren en el rellano casi todos los vecinos. Al abrirse las puertas de las viviendas se componen los diferentes retratos en el discurso quejoso, rebelde o alusivo de los que salen.

Inmediatamente surgen dos perfiles contrapuestos desde la acotación; «La Señora Generosa: una pobre mujer» y Paca, «de ademanes desenvueltos»; ellas matizarán estas líneas rellenando el contorno con trazos de su discurso. Generosa, amedrentada por la cuantía del recibo de la luz, invoca a la divinidad y se queja lastimera. Paca, por su parte, arremete contra el representante del abuso con insultos y veladas amenazas. A lo largo del proceso dramático, Generosa mostrará su inseguridad y su debilidad ante un mundo muy difícil para ella. Su absoluta falta de recursos para valerse la lleva a repetir al pie de la letra lo que en casa reitera también su marido, el señor Gregorio, el jubilado que ha perdido hasta el pequeño espacio público del rellano de la escalera.

El lamento y las dudas configuran el sistema expresivo de Generosa, por eso Paca exclamará: «Mire, Generosa, usted tiene muy poco arranque. ¡Eso es!». Y, sin embargo, ello no impide que le guste comentar los incidentes que tienen lugar en la escalera o escuchar los *subidos* comentarios de Paca, a pesar de que intenta frenar la lengua suelta de la otra y hasta da muestras de arrepentimiento por lo poco que ella exterioriza: «¡El Señor me perdone! Aún murmuro demasiado».

Paca no es sólo una figura característica, es un ser consciente de su destino: «A mí no me duelen prendas. ¡Pobres de nosotras, Generosa, pobres de nosotras! ¿Qué hemos hecho para merecer este castigo? [...] Eso, sufrir y nada más. ¡Qué asco de vida!». Sin embargo, pone por encima de todo el vivir porque es lo único que posee; por eso, cuando ve a Generosa derrumbada por la muerte de su marido, intenta infundir en ella su actitud vitalista: «¡Ea! No hay que llorar más. Ahora a vivir, a salir adelante!». Y ella misma lo declara en el monólogo con que da comienzo el acto tercero: «Bueno, y ahora que no me oye nadie. ¿Yo quiero o no quiero morirme? *(Pausa.)* Yo no quiero morirme».

Esta mujer es el personaje más positivo del drama desde diversos puntos de vista. Ha sido capaz de sobrellevar la pobreza y la deshonra familiar infligida por Rosa; ha resistido al tiempo a pesar de las huellas que va dejándole y ha soportado sus embates sin cambiar la actitud combativa que desde el principio mostrara. Su expresión es el grito del optimismo frente a los demás, que ya están en algún sentido muertos. La escalera no ha supuesto para ella la prisión que es para los otros, sino que ha sido el ámbito de su existencia, su refugio para escapar del conflictivo mundo exterior; por eso la personifica y convierte en su interlocutora: «¡Qué vieja estoy! *(Acariciando la barandilla.)* ¡Tan vieja como tú!», y la defiende del maltrato que le dan los jóvenes. Buero ha dibujado en todas sus obras interesantes personajes femeninos y casi siempre los mejores caracteres del ser humano residen en ellos [40].

A la convocatoria responden también doña Asunción [41] y Elvira. Esta última, a pesar de ser una de las protagonistas

---

[40]   De algunos aspectos de la construcción de los personajes femeninos de Buero he tratado en «Las *nuevas mujeres* del teatro de Antonio Buero Vallejo», *Montearabí,* 23, cit., págs. 95-104.

[41]   Véase sobre este personaje el comentario del Taller de lectura.

de la acción principal, es presentada por la acotación tan sólo como «una linda muchacha»; el dramaturgo deja que ella y los que la rodean ofrezcan el conjunto de su personalidad, caracterizada por estar segura y ser dueña de la situación desde el principio. Es la única de los jóvenes que sale a pagar el recibo y, cuando lo hace, no profiere lamentos ni comentarios. Con su padre, pondrá de manifiesto la influencia poderosa que ejerce sobre él y su talante de «niña consentida» que más tarde le adjudica Generosa. Al hablarle de Fernando, sale segura al paso de las reservas de don Manuel: «Haz tu parte, que de eso me encargo yo...». Algo después, cuando es rechazada por el chico, no encubre su mezquindad y le echa en cara, sin el menor recato, la ayuda prestada, como medio de recordarle sus obligaciones. La voz coral de las vecinas terminará de componer el retrato de este personaje, que en boca de Trini es «una lagartona». En el acto segundo, Elvira ha exteriorizado de manera ostensible la faceta más negativa de su personalidad, que se aprecia en la forma de tratar a su marido y en la visible (para el receptor y para los personajes conocedores del conflicto) falsedad con que se relaciona con Carmina.

Desde esta perspectiva, Elvira es el personaje negativamente «activo» de este drama. La dicotomía «contemplativos-activos» [42], que no se aprecia entre Urbano y Fernando,

---

[42] La antinomia «contemplativos-activos», que el autor hace explícita en personajes de *El tragaluz,* fue analizada por Ricardo Doménech, *El teatro de Buero Vallejo. Una meditación española,* Madrid, Gredos, 1973, págs. 66-69 (2.ª ed., 1993, págs. 79-81); también puede verse su prólogo a *Historia de una escalera. Las Meninas,* Madrid, Espasa Calpe, Austral, 1990 [16]. Normalmente es una pareja masculina la que desarrolla estos papeles, sin embargo, en *Una extraña armonía (O. C.* I: 621-693) hemos advertido también esta configuración de *activa negativa* en Marina, la antagonista de Pablo.

se da en cierto modo entre Carmina y Elvira. La primera, calificada desde el principio con valores positivos por los que la rodean y por sus acciones (es dócil, hacendosa, dulce, confiada), actúa torcidamente al aceptar sin amor el matrimonio con Urbano. Cuando se enfrenta a Elvira al final del segundo acto, se contamina de hipocresía para salvar una dignidad mancillada por la torpeza de Fernando. Su idealismo está contagiado de inautenticidad, lo que se deja ver en una marca física, la afección cardíaca que ella atribuye a la edad y las desilusiones.

La oposición de las dos mujeres es semejante a la que se establece entre Mario y Vicente, los hermanos de *El tragaluz*. Carmina, como Mario, no ha atropellado a nadie pero tampoco ha obrado del todo correctamente; Elvira *compró* a Fernando, usó de su poder para conseguirlo, como hará Vicente con Encarna. Algo las separa de la pareja masculina: estas dos mujeres están unidas por un destino simbolizado en el inalterado espacio de la escalera, por eso su final es una riña y la condena a vivir con el peso de su culpa y el desasosiego de los deseos insatisfechos, una vez que desaparezcan tras sus puertas.

Por su parte, Urbano y Fernando encarnan actitudes diversas. El joven proletario desarrolla una personalidad política activa, pero unas condiciones exteriores adversas y la insolidaridad de una clase pequeño-burguesa —representada por Fernando en el espacio de la escalera— dan al traste con su sueño libertador. Esta dimensión del personaje de Urbano se podría relacionar con el Buero militante de izquierdas que se ve relegado a un entorno opresivo a causa del fracaso de las ideas que defiende. Pero Urbano posee también un perfil humano que justifica su fracaso exterior; se manifiesta en la falta de correspondencia entre la agresividad de su discurso y su incapacidad para actuar, evidenciada en las disputas con Pepe.

Fernando es el personaje con mayor presencia en el drama y uno de los más matizados [43]. Antes de su primera aparición en escena, su madre lo va definiendo con múltiples rasgos. Ante el Cobrador de la luz lo nombra como si fuera el sostén de la casa; después, con don Manuel, el discurso de la señora acusa el titubeo de la descripción de unos méritos que ella no ve muy claros y que Generosa resumirá en dos adjetivos («Es un gandulazo muy simpático»). Don Manuel, solo con su hija, lo califica de «tarambana» y añade que «no tiene dónde caerse muerto», si bien reconoce que «es el chico más guapo de la casa», rasgo físico en el que están de acuerdo todos los que lo rodean y que el dramaturgo desde la acotación acepta: «Fernando es, en efecto, un muchacho muy guapo». Más tarde, la malicia de las vecinas interpretará sus acciones: «Es que ese niño sabe mucha táctica».

Durante el diálogo con su madre muestra aspectos negativos de su personalidad, que se perciben igualmente en el primer encuentro con Elvira. Por esa razón, aunque en la escena final con Carmina aparezca como un idealista enamorado y lleno de proyectos, el receptor ha recibido muchos indicios que lo llevan a desconfiar de sus promesas y a comprender su situación al iniciarse el acto siguiente, después de los primeros diez años.

No obstante, algo positivo queda en la personalidad de Fernando, que se percibe en la relación con sus hijos, mucho menos violenta que la de Elvira. Como veíamos en Urbano, en Fernando existe también un componente genérico que se

---

[43]   Su comportamiento se acerca bastante al que caracteriza al personaje del Hijo en *Tic Tac,* de Claudio de la Torre, obra que desde un principio Buero señaló como una de las fuentes de inspiración de la suya. Véase al respecto la nota 15.

articula a través de su discurso sobre el tiempo y el temor que le infunde su acción destructora. De esa forma, estos dos seres se sitúan en los tres niveles del drama: el individual, el colectivo y el metafísico.

Del resto de los individuos de este microcosmos cabe destacar la figura del señor Juan, magnífico personaje que remite al sencillo hombre de la calle, que es capaz de sentir profundamente la muerte de un amigo y ocuparse, al mismo tiempo, de asuntos tan triviales como el que se encierra en el comentario sobre el peso del difunto («Cómo sudaban, se conoce que pesaba mucho»). La suposición la hace dirigiéndose a su mujer, Paca, que durante el proceso dramático se ha mostrado sumamente chismosa, *cualidad* que ha heredado asimismo la bondadosa Trini, hija del matrimonio. La humanidad que emana de la construcción del personaje del Señor Juan se advierte igualmente en su relación con Rosa, la hija proscrita. No quiere saber nada de ella («¡Ni mentármela siquiera!») pero está preocupado por cómo le irá («Debe de defenderse muy mal...») y cuando Trini se lo confirma, le entrega a ésta sus ahorros para ella.

También en Trini ha compuesto el dramaturgo un interesante personaje. Por ella ha pasado la vida sin dejar más huella que la de la dedicación a los otros; desde su primera aparición cumple una orden de su madre («¡Que lo compres tinto!»); nunca nadie ha pensado en sus deseos; hasta Rosa, con quien comparte vida y destino en el último tramo de la historia dramática, se extraña de que haya podido desear un hijo. Sólo una anécdota escénica rompe la monotonía de su vida, al ser objeto de la declaración de Manolín. Por su parte, éste no es sólo el niño travieso por malcriado, como lo califica su hermano, sino que está dotado de esa personalidad cambiante de la incipiente adolescencia, por eso, para celebrar su cumpleaños pide a sus padres que le compren pasteles, pero ante el ofrecimiento de Trini («Te daré dinero para que te compres un pastel»), reniega de sus apetitos infantiles y solicita de la que por entonces es su amada algo que lo identifica con los «hombres»: «Prefiero que me regales una cajetilla de tabaco».

Cada personaje tiene su lugar en el cuerpo colectivo y a la vez funciona como héroe contemporáneo en la tragedia del vivir cada día. El dramaturgo tiene el acierto de dotarlos de un sistema expresivo acorde con su talante, edad y condición, inscrito dentro de un registro familiar con fórmulas populares, sin llegar a los extremos de los artificios localistas que caracterizaban a los integrantes del mundo sainetesco.

REALISMO Y SIMBOLISMO

Desde el conocimiento de sus primeras obras, algunos críticos hablaron de dos estilos en la dramaturgia de Buero; uno, claramente simbólico, iniciado con *En la ardiente oscuridad,* y otro, de corte realista, tipificado en HISTORIA DE UNA ESCALERA. Esta dicotomía, sin embargo, pronto se vio superada por la evidencia de que en todo el teatro bueriano se unen armónicamente, a pesar del realismo que puede predominar en la superficie de algunas de sus obras, los dos elementos, haciendo del caso particular una situación generalizable a cualquier lugar y momento del devenir humano. El propio autor salió pronto al paso de esa división: «En el supuesto de que ambas tendencias [realismo y simbolismo] definiesen mejor que otras los dos polos de mi teatro, los encontraríamos en cada obra bastante más mezcladas de lo que parece. [...] Opino que no hay tal tendencia doble, sino en realidad una sola que a veces se disfraza de realismo y a veces de otras cosas»[44].

Hemos considerado, en efecto, la dimensión simbólica o metafísica que poseen el tiempo, el espacio y algunos personajes en HISTORIA DE UNA ESCALERA. Si contemplamos a la luz de este planteamiento *Hoy es fiesta,* la pieza que por su personaje colectivo y la índole social del grupo más directamente se conecta con la que ahora nos ocupa, observamos un espacio (la azotea) que, aun siendo real, se convierte en simbólico por el valor que le conceden los personajes en su lucha por acceder a ella; de la misma forma que en HISTORIA DE UNA ESCALERA los seres de la vida cotidiana serán signos genéricos de la opresión, la inautenticidad o la esperanza. Significado simbólico cobran la degradación de los personajes de *Una extraña armonía,* el deterioro de la casa donde sucede la acción de *Las cartas boca abajo* o los signos visuales y auditivos que invaden *El tragaluz.* En otras piezas, al nivel de realidad se superpone con total evidencia el simbolismo del mundo onírico y subconsciente, como sucede con el sueño de *Aventura en lo gris,* las visiones de *El terror inmóvil,* las imaginaciones de *Irene, o el tesoro,* las alucinaciones de *Llegada de los dioses,* el juego espacio-temporal (real-soñado) con el que se estructura la dramaturgia de *Jueces en la noche.* Simbólicos son también el significado que Rosa da al espacio exterior omitido del solar en *Caimán;* los espacios secretos del *diálogo* de Fabio *(Diálogo secreto);* el espacio sonoro que domina a Lázaro *(Lázaro en el laberinto);* la ventana de *Música cercana,* o la presencia de diversos signos (cicatrices, farolas, música) y de *otro mundo,* en *otro espacio,* en *Las trampas del azar.*

---

[44] «El teatro de Buero Vallejo visto por Buero Vallejo», *Primer Acto,* 1, abril de 1957 *(O. C. II: 411).*

El teatro de Antonio Buero Vallejo muestra, desde sus primeras obras, un grado de perfección formal, madurez dramatúrgica y compromiso ético que hacen de su autor la primera y principal figura de la dramaturgia española de la segunda mitad de siglo. Intentó y consiguió restaurar la tragedia para ofrecer a los hombres y mujeres de su tiempo una ventana hacia la esperanza, desde dentro de su propia limitación, porque, a pesar de sus torpezas y caídas, «los hombres no son necesariamente víctimas pasivas de la fatalidad». Los caminos que en sus inicios ensayara permanecen vigentes temática y estéticamente en nuestros días y seguirán estándolo porque ha sabido tratar temas universales a partir de situaciones concretas y renovar su estética al paso de las tendencias. Aunque el tiempo ha barrido algunas de sus esperanzas juveniles y «aquella puerta abierta del ayer me parece ahora algo más cerrada» [45], aún son válidas afirmaciones como ésta:

> Se escribe porque se espera, pese a toda duda. Pese a toda duda, creo y espero en el hombre, como espero y creo en otras cosas: en la verdad, en la belleza, en la rectitud, en la libertad. Y por eso escribo de las pobres y grandes cosas del hombre; hombre yo también de un tiempo oscuro, sujeto a las más graves, pero esperanzadas interrogantes [46].

VIRTUDES SERRANO
Escuela Superior de Arte Dramático de Murcia

---

[45]   Luciano García Lorenzo, «Reportaje biográfico», en *Antonio Buero Vallejo. Premio de literatura en lengua castellana «Miguel de Cervantes» 1986,* Barcelona, Anthropos-Ministerio de Cultura, 1987, pág. 35.

[46]   «El teatro de Buero Vallejo visto por Buero Vallejo», cit. *(O. C.* II: 411-412).

BIBLIOGRAFÍA ESENCIAL COMENTADA

AA.VV., *Antonio Buero Vallejo. Premio de literatura en lengua castellana «Miguel de Cervantes» 1986*, Barcelona, Anthropos-Ministerio de Cultura, 1987.

En este breve y útil volumen se reúnen un «reportaje biográfico», una entrevista, un estudio de conjunto y una bibliografía de y sobre el autor; junto a todo ello, el discurso pronunciado por Buero en la entrega del premio Cervantes 1986.

Buero por Buero. Conversaciones con Francisco Torres Monreal, Madrid, Asociación de Autores de Teatro, 1993.

Amplísima entrevista en la que se tratan, con acierto y profundidad, numerosos aspectos de la vida y de la obra de Buero.

BUERO VALLEJO, Antonio, *Obra Completa,* edición crítica de Luis Iglesias Feijoo y Mariano de Paco, Madrid, Espasa Calpe, 1994, 2 vols.

El primer volumen *(Teatro)* recoge toda la producción dramática del autor (incluida la inédita *Una extraña armonía)* precedida por una excelente introducción, una completa cronología y una bibliografía exhaustiva; sólo faltan las obras posteriormente publicadas por Espasa Calpe: *Las trampas del azar* y *Misión al pueblo desierto*. En el segundo, imprescindible como el anterior, aparecen poemas, narraciones, libros y más de trescientos artículos (algunos inéditos) de Buero.

—, *Libro de estampas,* Murcia, Fundación Cultural CAM, 1993 (edición al cuidado de Mariano de Paco).

Selección de dibujos y pinturas del autor, muestra interesantísima de su temprana vocación pictórica y de acercamientos a lo largo de toda su vida.

CUEVAS GARCÍA, Cristóbal (dir.), *El teatro de Buero Vallejo. Texto y espectáculo,* Barcelona, Anthropos, 1990.

Actas del III Congreso de Literatura Española Contemporánea, celebrado en la Universidad de Málaga y dedicado a Buero. Poseen notable interés, junto a una veintena de ponencias y comunicaciones, la intervención del autor y los coloquios.

DIXON, Victor, y JOHNSTON, David (eds.), *El teatro de Buero Vallejo: Homenaje del hispanismo británico e irlandés,* Liverpool University Press, 1996.

Una docena de artículos acerca de temas y obras buerianas conforman este apreciable volumen que se propone el reconocimiento de quien es en el mundo universitario inglés e irlandés uno de los más importantes autores contemporáneos.

DOMÉNECH, Ricardo, *El teatro de Buero Vallejo,* Madrid, Gredos, 1993 [2].

Trabajo fundamental para el conocimiento de Buero Vallejo por su penetración crítica y su adecuada consideración de temas y técnicas. Bibliografía completa. La segunda edición amplía notablemente la de 1973.

IGLESIAS FEIJOO, Luis, *La trayectoria dramática de Antonio Buero Vallejo,* Santiago de Compostela, Universidad, 1982.

Excelente estudio de las obras de Buero (hasta *Jueces en la noche*) que une profundidad crítica e información. Contiene valiosas consideraciones de conjunto y numerosas referencias bibliográficas.

LEYRA, Ana María (coord.), *Antonio Buero Vallejo. Literatura y filosofía,* Madrid, Complutense, 1998.

El volumen presenta los trabajos expuestos en las Jornadas sobre Teatro y Filosofía celebradas en la Universidad Complutense en 1996; en ellos se abordan con rigor diferentes aspectos en relación con esos dos temas en el teatro de Buero Vallejo.

Montearabí, núm. 23, 1996 (monográfico «Homenaje a Antonio Buero Vallejo»).

Recoge este selecto volumen nueve trabajos de críticos y autores acerca de diferentes aspectos de la obra de Buero Vallejo con motivo de sus ochenta años y cincuenta de escritura dramática.

NICHOLAS, Robert L., *El sainete serio*, Murcia, Universidad, Cuadernos de Teatro, 1992.
Desde la perspectiva que el título indica, se analizan con detalle «tres dramas de la posguerra española»: *Historia de una escalera* (págs. 31-47), *La camisa* y *Las bicicletas son para el verano.*

O'CONNOR, Patricia, *Antonio Buero Vallejo en sus espejos,* Madrid, Fundamentos, 1996.
Ofrece este volumen nuevos puntos de vista acerca de Buero, persona y creador, y de su obra, conciliando «la proximidad afectiva y la distancia crítica» en un singular trabajo que cuenta con abundantes declaraciones del dramaturgo.

OLIVA, César, *El teatro desde 1936,* Madrid, Alhambra, 1989.
Trabajo que al análisis de los textos dramáticos acierta a incorporar el de otros elementos del *hecho teatral:* actores, público y crítica. Buero es estudiado en el capítulo dedicado al «teatro de la oposición» hasta *Lázaro en el laberinto* (págs. 233-262).

PACO, Mariano de (ed.), *Estudios sobre Buero Vallejo,* Murcia, Universidad, 1984.
Útil recopilación de veinticinco interesantes trabajos, aparecidos entre 1949 y 1980, sobre Buero y su teatro, reunidos en cuatro apartados: Semblanza, Temas y técnicas, *Historia de una escalera* (cinco artículos) y Otros dramas. Bibliografía del autor hasta 1983 muy completa.

—, *De re bueriana (Sobre el autor y las obras),* Murcia, Universidad, 1994.
El volumen se abre con una extensa entrevista a Buero Vallejo a la que sigue un apartado de apreciables estudios de carácter general (tragedia, «realismo», procedimientos formales y simbólicos y «perspectivismo histórico») y otro con cuidados análisis de obras buerianas.

PÉREZ HENARES, Antonio, *Antonio Buero Vallejo. Una digna lealtad,* Toledo, Junta de Comunidades de Castilla-La Mancha, 1998.

Biografía de Antonio Buero Vallejo en la que son destacables las numerosas fotos que recrean su trayectoria vital.

RUIZ RAMÓN, Francisco, *Historia del teatro español. Siglo XX,* Madrid, Cátedra, 1977 [3] .

Completo estudio de autores y textos dramáticos españoles del siglo XX (hasta la década de los setenta) que trata con profundidad el teatro bueriano desde *Historia de una escalera* a *La Fundación* (págs. 337-384).

HISTORIA DE UNA ESCALERA

Drama en tres actos

Premio Lope de Vega de 1949

> *Porque el hijo deshonra al padre, la hija se levanta contra la madre, la nuera contra su suegra: y los enemigos del hombre son los de su casa.*

> (Miqueas, cap. VII, vers. 6.)

Esta obra se estrenó en Madrid, la noche del 14 de octubre de 1949, en el Teatro Español, con el siguiente

REPARTO

COBRADOR DE LA LUZ	José Capilla
GENEROSA	Adela Carbone
PACA	Julia Delgado Caro
ELVIRA	María Jesús Valdés
DOÑA ASUNCIÓN	Consuelo Muñoz
DON MANUEL	Manuel Kayser
TRINI	Esperanza Grases
CARMINA	Elena Salvador
FERNANDO	Gabriel Llopart
URBANO	Alberto Bové
ROSA	Pilar Sala
PEPE	Adriano Domínguez
SEÑOR JUAN	José Cuenca
SEÑOR BIEN VESTIDO	Fulgencio Nogueras
JOVEN BIEN VESTIDO	Rafael Gil Marcos
MANOLÍN	Manuel Gamas
CARMINA, hija	Asunción Sancho
FERNANDO, hijo	Fernando M. Delgado

Derecha e izquierda, las del espectador

Dirección: CAYETANO LUCA DE TENA
Decorado y vestuario: EMILIO BURGOS

ACTO PRIMERO

Un tramo de escalera con dos rellanos, en una casa modesta de vecindad. Los escalones de bajada hacia los pisos inferiores se encuentran en el primer término izquierdo. La barandilla que los bordea es muy pobre, con el pasamanos de hierro, y tuerce para correr a lo largo de la escena limitando el primer rellano. Cerca del lateral derecho arranca un tramo completo de unos diez escalones. La barandilla lo separa a su izquierda del hueco de la escalera y a su derecha hay una pared que rompe en ángulo junto al primer peldaño, formando en el primer término derecho un entrante con una sucia ventana lateral. Al final del tramo la barandilla vuelve de nuevo y termina en el lateral izquierdo, limitando el segundo rellano. En el borde de éste, una polvorienta bombilla enrejada pende hacia el hueco de la escalera. En el segundo rellano hay cuatro puertas: dos laterales y dos centrales. Las distinguiremos, de derecha a izquierda, con los números I, II, III y IV.

El espectador asiste, en este acto y en el siguiente, a la galvanización momentánea de tiempos que han pasado. Los vestidos tienen un vago aire retrospectivo.

(Nada más levantarse el telón vemos cruzar y subir fatigosamente al COBRADOR DE LA LUZ,

portando su grasienta cartera. Se detiene unos segundos para respirar y llama después con los nudillos en las cuatro puertas. Vuelve al I, donde le espera ya en el quicio la SEÑORA GENEROSA: *una pobre mujer de unos cincuenta y cinco años.)*

COBRADOR.—La luz. Dos sesenta. *(Le tiende el recibo. La puerta III se abre y aparece* PACA, *mujer de unos cincuenta años, gorda y de ademanes desenvueltos. El* COBRADOR *repite, tendiéndole el recibo.)* La luz. Cuatro diez.

GENEROSA.—*(Mirando el recibo.)* ¡Dios mío! ¡Cada vez más caro! No sé cómo vamos a poder vivir.

(Se mete.)

PACA.—¡Ya, ya! *(Al* COBRADOR.) ¿Es que no saben hacer otra cosa que elevar la tarifa? ¡Menuda ladronera es la Compañía! ¡Les debía dar vergüenza chuparnos la sangre de esa manera! *(El* COBRADOR *se encoge de hombros.)* ¡Y todavía se ríe!

COBRADOR.—No me río, señora. *(A* ELVIRA, *que abrió la puerta II.)* Buenos días. La luz. Seis sesenta y cinco.

*(*ELVIRA, *una linda muchacha vestida de calle, recoge el recibo y se mete.)*

PACA.—Se ríe por dentro. ¡Buenos pájaros son todos ustedes! Esto se arreglaría como dice mi hijo Urbano: tirando a más de cuatro por el hueco de la escalera.

COBRADOR.—Mire lo que dice, señora. Y no falte.

PACA.—¡Cochinos!

COBRADOR.—Bueno, ¿me paga o no? Tengo prisa.

PACA.—¡Ya va, hombre! Se aprovechan de que una no es nadie, que si no...

> *(Se mete rezongando.* GENEROSA *sale y paga al* COBRADOR. *Después cierra la puerta. El* COBRADOR *aporrea otra vez el IV, que es abierto inmediatamente por* DOÑA ASUNCIÓN, *señora de luto, delgada y consumida.)*

COBRADOR.—La luz. Tres veinte.

DOÑA ASUNCIÓN.—*(Cogiendo el recibo.)* Sí, claro... Buenos días. Espere un momento, por favor. Voy adentro...

> *(Se mete.* PACA *sale refunfuñando, mientras cuenta las monedas.)*

PACA.—¡Ahí va!

> *(Se las da de golpe.)*

COBRADOR.—*(Después de contarlas.)* Está bien.

PACA.—¡Está muy mal! ¡A ver si hay suerte, hombre, al bajar la escalerita!

> *(Cierra con un portazo.* ELVIRA *sale.)*

ELVIRA.—Aquí tiene usted. *(Contándole la moneda fraccionaria.)* Cuarenta..., cincuenta..., sesenta... y cinco.

COBRADOR.—Está bien.

> *(Se lleva un dedo a la gorra y se dirige al IV.)*

ELVIRA.—*(Hacia dentro.)* ¿No sales, papá?

(Espera en el quicio, DOÑA ASUNCIÓN *vuelve a salir, ensayando sonrisas.)*

DOÑA ASUNCIÓN.—¡Cuánto lo siento! Me va a tener que perdonar. Como me ha cogido después de la compra y mi hijo no está...

(DON MANUEL, *padre de* ELVIRA, *sale vestido de calle. Los trajes de ambos denotan una posición económica más holgada que la de los demás vecinos.)*

DON MANUEL.—*(A* DOÑA ASUNCIÓN.) Buenos días. *(A su hija.)* Vamos.

DOÑA ASUNCIÓN.—¡Buenos días! ¡Buenos días, Elvirita! ¡No te había visto!

ELVIRA.—Buenos días, doña Asunción.

COBRADOR.—Perdone, señora, pero tengo prisa.

DOÑA ASUNCIÓN.—Sí... sí... Le decía que ahora da la casualidad que no puedo... ¿No podría volver luego?

COBRADOR.—Mire, señora: no es la primera vez que pasa y...

DOÑA ASUNCIÓN.—¿Qué dice?

COBRADOR.—Sí. Todos los meses es la misma historia. ¡Todos! Y yo no puedo venir a otra hora ni pagarlo de mi bolsillo. Conque si no me abona tendré que cortarle el fluido.

DOÑA ASUNCIÓN.—¡Pero si es una casualidad, se lo aseguro! Es que mi hijo no está, y...

COBRADOR.—¡Basta de monsergas! Esto le pasa por querer gastar como una señora en vez de abonarse a tanto alzado. Tendré que cortarle.

(ELVIRA *habla en voz baja con su padre.)*

DOÑA ASUNCIÓN.—*(Casi perdida la compostura.)* ¡No lo haga, por Dios! Yo le prometo...

COBRADOR.—Pida a algún vecino...

DON MANUEL.—*(Después de atender a lo que le susurra su hija.)* Perdone que intervenga, señora.

(Cogiéndole el recibo.)

DOÑA ASUNCIÓN.—No, don Manuel. ¡No faltaba más!

DON MANUEL.—¡Si no tiene importancia! Ya me lo devolverá cuando pueda.

DOÑA ASUNCIÓN.—Esta misma tarde; de verdad.

DON MANUEL.—Sin prisa, sin prisa. *(Al* COBRADOR.*)* Aquí tiene.

COBRADOR.—Está bien. *(Se lleva la mano a la gorra.)* Buenos días.

(Se va.)

DON MANUEL.—*(Al* COBRADOR.*)* Buenos días.

DOÑA ASUNCIÓN.—*(Al* COBRADOR.*)* Buenos días. Muchísimas gracias, don Manuel. Esta misma tarde...

DON MANUEL.—*(Entregándole el recibo.)* ¿Para qué se va a molestar? No merece la pena. Y Fernando, ¿qué se hace?

(ELVIRA *se acerca y le coge del brazo.)*

DOÑA ASUNCIÓN.—En su papelería. Pero no está contento. ¡El sueldo es tan pequeño! Y no es porque sea mi hijo, pero él vale mucho y merece otra cosa. ¡Tiene muchos proyectos! Quiere ser delineante, ingeniero, ¡qué sé yo! Y no hace más que leer y pensar. Siempre tumbado en la cama, pensando en sus proyectos. Y escribe cosas también, y poesías. ¡Más bonitas! Ya le diré que dedique alguna a Elvirita.

ELVIRA.—*(Turbada.)* Déjelo, señora.

DOÑA ASUNCIÓN.—Te lo mereces, hija. *(A* DON MANUEL.*)* No es porque esté delante, pero ¡qué preciosísima se ha puesto Elvirita! Es una clavellina. El hombre que se la lleve...

DON MANUEL.—Bueno, bueno. No siga, que me la va a malear. Lo dicho, doña Asunción. *(Se quita el sombrero y le da la mano.)* Recuerdos a Fernandito. Buenos días.

ELVIRA.—Buenos días.

(Inician la marcha.)

DOÑA ASUNCIÓN.—Buenos días. Y un millón de gracias... Adiós.

> *(Cierra.* DON MANUEL *y su hija empiezan a bajar.* ELVIRA *se para de pronto para besar y abrazar impulsivamente a su padre.)*

DON MANUEL.—¡Déjame, locuela! ¡Me vas a tirar!

ELVIRA.—¡Te quiero tanto, papaíto! ¡Eres tan bueno!

DON MANUEL.—Deja los mimos, pícara. Tonto es lo que soy. Siempre te saldrás con la tuya.

ELVIRA.—No llames tontería a una buena acción... Ya ves, los pobres nunca tienen un cuarto. ¡Me da una lástima doña Asunción!

DON MANUEL.—*(Levantándole la barbilla.)* El tarambana de Fernandito es el que a ti te preocupa.

ELVIRA.—Papá, no es una tarambana... Si vieras qué bien habla...

DON MANUEL.—Un tarambana. Eso sabrá hacer él..., hablar. Pero no tiene donde caerse muerto. Hazme caso, hija; tú te mereces otra cosa.

ELVIRA.—*(En el rellano ya, da pueriles pataditas.)* No quiero que hables así de él. Ya verás cómo llega muy lejos. ¡Qué importa que no tenga dinero! ¿Para qué quiere mi papaíto un yerno rico?

DON MANUEL.—¡Hija!

ELVIRA.—Escucha: te voy a pedir un favor muy grande.

DON MANUEL.—Hija mía, algunas veces no me respetas nada.

ELVIRA.—Pero te quiero, que es mucho mejor. ¿Me harás ese favor?

DON MANUEL.—Depende...

ELVIRA.—¡Nada! Me lo harás.

DON MANUEL.—¿De qué se trata?

ELVIRA.—Es muy fácil, papá. Tú lo que necesitas no es un yerno rico, sino un muchacho emprendedor que lleve adelante el negocio. Pues sacas a Fernando de la papelería y le colocas, ¡con un buen sueldo!, en tu agencia. *(Pausa.)* ¿Concedido?

DON MANUEL.—Pero, Elvira, ¿y si Fernando no quiere? Además...

ELVIRA.—¡Nada! *(Tapándose los oídos.)* ¡Sorda!

DON MANUEL.—¡Niña, que soy tu padre!

ELVIRA.—¡Sorda!

DON MANUEL.—*(Quitándole las manos de los oídos.)* Ese Fernando os tiene sorbido el seso a todas porque es el chico más guapo de la casa. Pero no me fío de él. Supone que no te hiciera caso...

ELVIRA.—Haz tu parte, que de eso me encargo yo...

DON MANUEL.—¡Niña!

(Ella rompe a reír. Coge del brazo a su padre y le lleva, entre mimos, al lateral izquierdo. Bajan. Una pausa. TRINI —una joven de as-

*pecto simpático— sale del III con una botella
en la mano, atendiendo a la voz de* PACA.)

PACA.—*(Desde dentro.)* ¡Que lo compres tinto! Que ya
sabes que a tu padre no le gusta el blanco.

TRINI.—Bueno, madre.

(Cierra y se dirige a la escalera. GENEROSA
sale del I, con otra botella.)

GENEROSA.—¡Hola, Trini!

TRINI.—Buenos, señora Generosa. ¿Por el vino?

(Bajan juntas.)

GENEROSA.—Sí. Y a la lechería.

TRINI.—¿Y Carmina?

GENEROSA.—Aviando la casa.

TRINI.—¿Ha visto usted la subida de la luz?

GENEROSA.—¡Calla, hija! ¡No me digas! Si no fuera más
que la luz... ¿Y la leche? ¿Y las patatas?

TRINI.—*(Confidencial.)* ¿Sabe usted que doña Asunción
no podía pagar hoy al cobrador?

GENEROSA.—¿De veras?

TRINI.—Eso dice mi madre, que estuvo escuchando. Se lo
pagó don Manuel. Como la niña está loca por Fernandito...

GENEROSA.—Ese gandulazo es muy simpático.

TRINI.—Y Elvirita una lagartona.

GENEROSA.—No. Una niña consentida...

TRINI.—No. Una lagartona...

(Bajan charlando. Pausa. CARMINA *sale del I.
Es una preciosa muchacha de aire sencillo y*

pobremente vestida. Lleva un delantal y una lechera en la mano.)

CARMINA.—*(Mirando por el hueco de la escalera.)* ¡Madre! ¡Que se le olvida la cacharra! ¡Madre!

(Con un gesto de contrariedad se despoja del delantal, lo echa adentro y cierra. Baja por el tramo mientras se abre el IV suavemente y aparece FERNANDO, *que la mira y cierra la puerta sin ruido. Ella baja apresurada, sin verle, y sale de escena. Él se apoya en la barandilla y sigue con la vista la bajada de la muchacha por la escalera.* FERNANDO *es, en efecto, un muchacho muy guapo. Viste pantalón de luto y está en mangas de camisa. El IV vuelve a abrirse.* DOÑA ASUNCIÓN *espía a su hijo.)*

DOÑA ASUNCIÓN.—¿Qué haces?
FERNANDO.—*(Desabrido.)* Ya lo ves.
DOÑA ASUNCIÓN.—*(Sumisa.)* ¿Estás enfadado?
FERNANDO.—No.
DOÑA ASUNCIÓN.—¿Te ha pasado algo en la papelería?
FERNANDO.—No.
DOÑA ASUNCIÓN.—¿Por qué no has ido hoy?
FERNANDO.—Porque no.

(Pausa.)

DOÑA ASUNCIÓN.—¿Te he dicho que el padre de Elvirita nos ha pagado el recibo de la luz?
FERNANDO.—*(Volviéndose hacia su madre.)* ¡Sí! ¡Ya me lo has dicho! *(Yendo hacia ella.)* ¡Déjame en paz!
DOÑA ASUNCIÓN.—¡Hijo!

FERNANDO.—¡Qué inoportunidad! ¡Pareces disfrutar recordándome nuestra pobreza!

DOÑA ASUNCIÓN.—¡Pero, hijo!

FERNANDO.—*(Empujándola y cerrando de golpe.)* ¡Anda, anda para adentro!

(Con un suspiro de disgusto, vuelve a recostarse en el pasamanos. Pausa. URBANO *llega al primer rellano. Viste traje azul mahón. Es un muchacho fuerte y moreno, de fisonomía ruda, pero expresiva: un proletario.* FERNANDO *lo mira avanzar en silencio.* URBANO *comienza a subir la escalera y se detiene al verle.)*

URBANO.—¡Hola! ¿Qué haces ahí?

FERNANDO.—Hola, Urbano. Nada.

URBANO.—Tienes cara de enfado.

FERNANDO.—No es nada.

URBANO.—Baja al «casinillo». *(Señalando el hueco de la ventana.)* Te invito a un cigarro. *(Pausa.)* ¡Baja, hombre! (FERNANDO *empieza a bajar sin prisa.)* Algo te pasa. *(Sacando la petaca.)* ¿No se puede saber?

FERNANDO.—*(Que ha llegado.)* Nada, lo de siempre... *(Se recuestan en la pared del «casinillo». Mientras hacen los pitillos.)* ¡Que estoy harto de todo esto!

URBANO.—*(Riendo.)* Eso es ya muy viejo. Creí que te ocurría algo.

FERNANDO.—Puedes reírte. Pero te aseguro que no sé cómo aguanto. *(Breve pausa.)* En fin, ¡para qué hablar! ¿Qué hay por tu fábrica?

URBANO.—¡Muchas cosas! Desde la última huelga de metalúrgicos la gente se sindica a toda prisa. A ver cuándo nos imitáis los dependientes.

FERNANDO.—No me interesan esas cosas.

URBANO.—Porque eres tonto. No sé de qué te sirve tanta lectura.

FERNANDO.—¿Me quieres decir lo que sacáis en limpio de esos líos?

URBANO.—Fernando, eres un desgraciado. Y lo peor es que no lo sabes. Los pobres diablos como nosotros nunca lograremos mejorar la vida sin la ayuda mutua. Y eso es el sindicato. ¡Solidaridad! Ésa es nuestra palabra. Y sería la tuya si te dieses cuenta de que no eres más que un triste hortera. ¡Pero como te crees un marqués!

FERNANDO.—No me creo nada. Sólo quiero subir. ¿Comprendes? ¡Subir! Y dejar toda esta sordidez en que vivimos.

URBANO.—Y a los demás que los parta un rayo.

FERNANDO.—¿Qué tengo yo que ver con los demás? Nadie hace nada por nadie. Y vosotros os metéis en el sindicato porque no tenéis arranque para subir solos. Pero ese no es camino para mí. Yo sé que puedo subir y subiré solo.

URBANO.—¿Se puede uno reír?

FERNANDO.—Haz lo que te dé la gana.

URBANO.—*(Sonriendo.)* Escucha, papanatas. Para subir solo, como dices, tendrías que trabajar todos los días diez horas en la papelería; no podrías faltar nunca, como has hecho hoy...

FERNANDO.—¿Cómo lo sabes?

URBANO.—¡Porque lo dice tu cara, simple! Y déjame continuar. No podrías tumbarte a hacer versitos ni a pensar en las musarañas; buscarías trabajos particulares para redondear el presupuesto y te acostarías a las tres de la mañana contento de ahorrar sueño y dinero. Porque tendrías que ahorrar, ahorrar como una urraca; quitándolo de la comida, del vestido, del tabaco... Y cuando llevases un montón de años haciendo eso, y ensayando negocios y buscando caminos, acabarías por verte solicitando cualquier miserable empleo para no morirte de hambre... No tienes tú madera para esa vida.

FERNANDO.—Ya lo veremos. Desde mañana mismo...

URBANO.—*(Riendo.)* Siempre es desde mañana. ¿Por qué no lo has hecho desde ayer, o desde hace un mes? *(Breve pausa.)* Porque no puedes. Porque eres un soñador. ¡Y un gandul! (FERNANDO *lo mira lívido, conteniéndose, y hace un movimiento para marcharse.)* ¡Espera, hombre! No te enfades. Todo esto te lo digo como un amigo.

(Pausa.)

FERNANDO.—*(Más calmado y levemente despreciativo.)* ¿Sabes lo que te digo? Que el tiempo lo dirá todo. Y que te emplazo. (URBANO *lo mira.)* Sí, te emplazo para dentro de... diez años, por ejemplo. Veremos, para entonces, quién ha llegado más lejos; si tú con tu sindicato o yo con mis proyectos.

URBANO.—Ya sé que yo no llegaré muy lejos; y tampoco tú llegarás. Si yo llego, llegaremos todos. Pero lo más fácil es que dentro de diez años sigamos subiendo esta escalera y fumando en este «casinillo».

FERNANDO.—Yo, no. *(Pausa.)* Aunque quizá no sean muchos diez años...

(Pausa.)

URBANO.—*(Riendo.)* ¡Vamos! Parece que no estás muy seguro.

FERNANDO.—No es eso, Urbano. ¡Es que le tengo miedo al tiempo! Es lo que más me hace sufrir. Ver cómo pasan los días, y los años..., sin que nada cambie. Ayer mismo éramos tú y yo dos críos que veníamos a fumar aquí, a escondidas, los primeros pitillos... ¡Y hace ya diez años! Hemos crecido sin darnos cuenta, subiendo y bajando la escalera, rodeados siempre de los padres, que no nos entienden; de vecinos que murmuran de nosotros y de quienes murmuramos... Buscando mil recursos y soportando humillaciones para poder pagar la casa, la luz... y las patatas. *(Pausa.)* Y mañana, o dentro de diez años que pueden pasar como un día, como han pasado estos últimos..., ¡sería terrible seguir así! Subiendo y bajando la escalera, una escalera que no conduce a ningún sitio; haciendo trampas en el contador, aborreciendo el trabajo..., perdiendo día tras día... *(Pausa.)* Por eso es preciso cortar por lo sano.

URBANO.—¿Y qué vas a hacer?

FERNANDO.—No lo sé. Pero ya haré algo.

URBANO.—¿Y quieres hacerlo solo?

FERNANDO.—Solo.

URBANO.—¿Completamente?

(Pausa.)

FERNANDO.—Claro.

URBANO.—Pues te voy a dar un consejo. Aunque no lo creas, siempre necesitamos de los demás. No podrás luchar solo sin cansarte.

FERNANDO.—¿Me vas a volver a hablar del sindicato?

URBANO.—No. Quiero decirte que, si verdaderamente vas a luchar, para evitar el desaliento necesitarás...

(Se detiene.)

FERNANDO.—¿Qué?

URBANO.—Una mujer.

FERNANDO.—Ése no es problema. Ya sabes que...

URBANO.—Ya sé que eres un buen mozo con muchos éxitos. Y eso te perjudica; eres demasiado buen mozo. Lo que te hace falta es dejar todos esos noviazgos y enamorarte de verdad. *(Pausa.)* Hace tiempo que no hablamos de estas cosas... Antes, si a ti o a mí nos gustaba Fulanita, nos lo decíamos en seguida. *(Pausa.)* ¿No hay nada serio ahora?

FERNANDO.—*(Reservado.)* Pudiera ser.

URBANO.—No se tratará de mi hermana, ¿verdad?

FERNANDO.—¿De tu hermana? ¿De cuál?

URBANO.—De Trini.

FERNANDO.—No, no.

URBANO.—Pues de Rosita, ni hablar.

FERNANDO.—Ni hablar.

(Pausa.)

URBANO.—Porque la hija de la señora Generosa no creo que te haya llamado la atención... *(Pausa. Le mira de reojo, con ansiedad.)* ¿O es ella? ¿Es Carmina?

(Pausa.)

FERNANDO.—No.

URBANO.—*(Ríe y le palmotea la espalda.)* ¡Está bien, hombre! ¡No busco más! Ya me lo dirás cuando quieras. ¿Otro cigarrillo?

FERNANDO.—No. *(Pausa breve.)* Alguien sube.

(Miran hacia el hueco.)

URBANO.—Es mi hermana.

(Aparece ROSA, *que es una mujer joven, guapa y provocativa. Al pasar junto a ellos los saluda*

*despectivamente, sin detenerse, y comienza a
subir el tramo.)*

ROSA.—Hola, chicos.

FERNANDO.—Hola, Rosita.

URBANO.—¿Ya has pindongueado bastante?

ROSA.—*(Parándose.)* ¡Yo no pindongueo! Y, además, no
te importa.

URBANO.—¡Un día de éstos le voy a romper las muelas a
alguien!

ROSA.—¡Qué valiente! Cuídate tú la dentadura por si acaso.

*(Sube. URBANO se queda estupefacto por su
descaro. FERNANDO ríe y le llama a su lado.
Antes de llamar ROSA en el III se abre el I y
sale PEPE. El hermano de CARMINA ronda ya
los treinta años y es un granuja achulado y
presuntuoso. Ella se vuelve y se contemplan,
muy satisfechos. Él va a hablar, pero ella le
hace señas de que se calle y le señala el «casinillo», donde se encuentran los dos mucha-
chos ocultos para él. PEPE la invita por señas
a bailar para después y ella asiente sin di-
simular su alegría. En esta expresiva mímica
los sorprende PACA, que abre de improviso.)*

PACA.—¡Bonita representación! *(Furiosa, zarandea a su
hija.)* ¡Adentro, condenada! ¡Ya te daré yo diversiones!

(FERNANDO y URBANO se asoman.)

ROSA.—¡No me empuje! ¡Usted no tiene derecho a mal-
tratarme!

PACA.—¿Que no tengo derecho?

ROSA.—¡No, señora! ¡Soy mayor de edad!

PACA.—¿Y quién te mantiene? ¡Golfa, más que golfa!

ROSA.—¡No insulte!

PACA.—*(Metiéndola de un empellón.)* ¡Anda para adentro! *(A* PEPE, *que optó desde el principio por bajar un par de peldaños.)* ¡Y tú, chulo indecente! ¡Si te vuelvo a ver con mi niña te abro la cabeza de un sartenazo! ¡Como me llamo Paca!

PEPE.—Ya será menos.

PACA.—¡Aire! ¡Aire! ¡A escupir a la calle!

> *(Cierra con ímpetu.* PEPE *baja sonriendo con suficiencia. Va a pasar de largo, pero* URBANO *le detiene por la manga.)*

URBANO.—No tengas tanta prisa.

PEPE.—*(Volviéndose con saña.)* ¡Muy bien! ¡Dos contra uno!

FERNANDO.—*(Presuroso.)* No, no, Pepe. *(Con sonrisa servil.)* Yo no intervengo; no es asunto mío.

URBANO.—No. Es mío.

PEPE.—Bueno, suelta. ¿Qué quieres?

URBANO.—*(Reprimiendo su ira y sin soltarle.)* Decirte nada más que si la tonta de mi hermana no te conoce, yo sí. Que si ella no quiere creer que has estado viviendo de la Luisa y de la Pili después de lanzarlas a la vida, yo sé que es cierto. ¡Y que como vuelva a verte con Rosa, te juro, por tu madre, que te tiro por el hueco de la escalera! *(Lo suelta con violencia.)* Puedes largarte.

> *(Le vuelve la espalda.)*

PEPE.—Será si quiero. ¡Estos mocosos! *(Alisándose la manga.)* ¡Que no levantan dos palmos del suelo y quieren medirse con hombres! Si no mirara...

(URBANO *no le hace caso.* FERNANDO *interviene, aplacador.*)

FERNANDO.—Déjalo, Pepe. No te... alteres. Mejor será que te marches.

PEPE.—Sí. Mejor será. *(Inicia la marcha y se vuelve.)* El mocoso indecente, que cree que me va a meter miedo a mí... *(Baja protestando.)* Un día me voy a liar a mamporros y le demostraré lo que es un hombre...

FERNANDO.—No sé por qué te gusta tanto chillar y amenazar.

URBANO.—*(Seco.)* Eso va en gustos. Tampoco me agrada a mí que te muestres tan amable con un sinvergüenza como ése.

FERNANDO.—Prefiero eso a lanzar amenazas que luego no se cumplen.

URBANO.—¿Que no se cumplen?

FERNANDO.—¡Qué van a cumplirse! Cualquier día tiras tú a nadie por el hueco de la escalera. ¿Todavía no te has dado cuenta de que eres un ser inofensivo?

(Pausa.)

URBANO.—¡No sé cómo nos las arreglamos tú y yo para discutir siempre! Me voy a comer. Abur.

FERNANDO.—*(Contento por su pequeña revancha.)* ¡Hasta luego, sindicalista!

(URBANO *sube y llama al III.* PACA *abre.*)

PACA.—Hola, hijo. ¿Traes hambre?
URBANO.—¡Más que un lobo!

(Entra y cierra. FERNANDO *se recuesta en la barandilla y mira por el hueco. Con un repentino gesto de desagrado se retira al «casinillo» y mira por la ventana, fingiendo distracción. Pausa.* DON MANUEL *y* ELVIRA *suben. Ella aprieta el brazo de su padre en cuanto ve a* FERNANDO. *Se detienen un momento; luego continúan.)*

DON MANUEL.—*(Mirando socarronamente a* ELVIRA, *que está muy turbada.)* Adiós, Fernandito.

FERNANDO.—*(Se vuelve con desgana. Sin mirar a* EL-VIRA.*)* Buenos días.

DON MANUEL.—¿De vuelta del trabajo?

FERNANDO.—*(Vacilante.)* Sí, señor.

DON MANUEL.—Está bien, hombre. *(Intenta seguir, pero* ELVIRA *lo retiene tenazmente, indicándole que hable ahora a* FERNANDO. *A regañadientes, termina el padre por acceder.)* Un día de éstos tengo que decirle unas cosillas.

FERNANDO.—Cuando usted disponga.

DON MANUEL.—Bien, bien. No hay prisa; ya le avisaré. Hasta luego. Recuerdos a su madre.

FERNANDO.—Muchas gracias. Ustedes sigan bien. *(Suben.* ELVIRA *se vuelve con frecuencia para mirarle. Él está de espaldas.* DON MANUEL *abre el II con su llave y entran.* FERNANDO *hace un mal gesto y se apoya en el pasamanos. Pausa.* GENEROSA *sube.* FERNANDO *la saluda muy sonriente.)* Buenos días.

GENEROSA.—Hola, hijo. ¿Quieres comer?

FERNANDO.—Gracias, que aproveche. ¿Y el señor Gregorio?

GENEROSA.—Muy disgustado, hijo. Como lo retiran por la edad... Y es lo que él dice: «¿De qué sirve que un hombre se deje los huesos conduciendo un tranvía durante cincuenta años, si luego le ponen en la calle?». Y si le dieran un buen retiro... Pero es una miseria, hijo; una miseria. ¡Y a mi Pepe no hay quien lo encarrile! *(Pausa.)* ¡Qué vida! No sé cómo vamos a salir adelante.

FERNANDO.—Lleva usted razón. Menos mal que Carmina...

GENEROSA.—Carmina es nuestra única alegría. Es buena, trabajadora, limpia... Si mi Pepe fuese como ella...

FERNANDO.—No me haga mucho caso, pero creo que Carmina la buscaba antes.

GENEROSA.—Sí. Es que me había olvidado la cacharra de la leche. Ya la he visto. Ahora sube ella. Hasta luego, hijo.

FERNANDO.—Hasta luego.

> *(GENEROSA sube, abre su puerta y entra. Pausa. ELVIRA sale sin hacer ruido al descansillo, dejando su puerta entornada. Se apoya en la barandilla. Él finge no verla. Ella le llama por encima del hueco.)*

ELVIRA.—Fernando.

FERNANDO.—¡Hola!

ELVIRA.—¿Podrías acompañarme hoy a comprar un libro? Tengo que hacer un regalo y he pensado que tú me ayudarías muy bien a escoger.

FERNANDO.—No sé si podré.

(Pausa.)

ELVIRA.—Procúralo, por favor. Sin ti no sabré hacerlo. Y tengo que darlo mañana.

FERNANDO.—A pesar de eso no puedo prometerte nada. *(Ella hace un gesto de contrariedad.)* Mejor dicho: casi seguro que no podrás contar conmigo.

(Sigue mirando por el hueco.)

ELVIRA.—*(Molesta y sonriente.)* ¡Qué caro te cotizas! *(Pausa.)* Mírame un poco, por lo menos. No creo que cueste mucho trabajo mirarme... *(Pausa.)* ¿Eh?

FERNANDO.—*(Levantando la vista.)* ¿Qué?

ELVIRA.—Pero ¿no me escuchabas? ¿O es que no quieres enterarte de lo que te digo?

FERNANDO.—*(Volviéndole la espalda.)* Déjame en paz.

ELVIRA.—*(Resentida.)* ¡Ah! ¡Qué poco te cuesta humillar a los demás! ¡Es muy fácil... y muy cruel humillar a los demás! Te aprovechas de que te estiman demasiado para devolverte la humillación... pero podría hacerse...

FERNANDO.—*(Volviéndose furioso.)* ¡Explica eso!

ELVIRA.—Es muy fácil presumir y despreciar a quien nos quiere, a quien está dispuesto a ayudarnos... A quien nos ayuda ya... Es muy fácil olvidar esas ayudas...

FERNANDO.—*(Iracundo.)* ¿Cómo te atreves a echarme en cara tu propia ordinariez? ¡No puedo sufrirte! ¡Vete!

ELVIRA.—*(Arrepentida.)* ¡Fernando, perdóname, por Dios! Es que...

FERNANDO.—¡Vete! ¡No puedo soportarte! No puedo resistir vuestros favores ni vuestra estupidez. ¡Vete! *(Ella ha ido retrocediendo muy afectada. Se entra, llorosa y sin poder reprimir apenas sus nervios.* FERNANDO, *muy alterado también, saca un cigarrillo. Al tiempo de tirar la cerilla:)* ¡Qué vergüenza!

> *(Se vuelve al «casinillo». Pausa.* PACA *sale de su casa y llama en el I.* GENEROSA *abre.)*

PACA.—A ver si me podía usted dar un poco de sal.

GENEROSA.—¿De mesa o de la gorda?

PACA.—De la gorda. Es para el guisado. (GENEROSA *se mete.* PACA, *alzando la voz.*) Un puñadito nada más... (GENEROSA *vuelve con un papelillo.*) Gracias, mujer.

GENEROSA.—De nada.

PACA.—¿Cuánta luz ha pagado este mes?

GENEROSA.—Dos sesenta. ¡Un disparate! Y eso que procuro encender lo menos posible... Pero nunca consigo quedarme en las dos pesetas.

PACA.—No se queje. Yo he pagado cuatro diez.

GENEROSA.—Ustedes tienen una habitación más y son más que nosotros.

PACA.—¡Y qué! Mi alcoba no la enciendo nunca. Juan y yo nos acostamos a oscuras. A nuestra edad, para lo que hay que ver...

GENEROSA.—¡Jesús!

PACA.—¿He dicho algo malo?

GENEROSA.—*(Riendo débilmente.)* No, mujer; pero... ¡qué boca, Paca!

PACA.—¿Y para qué sirve la boca, digo yo? Pues para usarla.

GENEROSA.—Para usarla bien, mujer.

PACA.—No he insultado a nadie.

GENEROSA.—Aun así...

PACA.—Mire, Generosa: usted tiene muy poco arranque. ¡Eso es! No se atreve ni a murmurar.

GENEROSA.—¡El Señor me perdone! Aún murmuro demasiado.

PACA.—¡Si es la sal de la vida! *(Con misterio.)* A propósito: ¿sabe usted que don Manuel le ha pagado la luz a doña Asunción?

(FERNANDO, *con creciente expresión de disgusto, no pierde palabra.*)

GENEROSA.—Ya me lo ha dicho Trini.

PACA.—¡Vaya con Trini! ¡Ya podía haberse tragado la lengua! *(Cambiando el tono.)* Y, para mí, que fue Elvirita quien se lo pidió a su padre.

GENEROSA.—No es la primera vez que les hacen favores de ésos.

PACA.—Pero quien lo provocó, en realidad, fue doña Asunción.

GENEROSA.—¿Ella?

PACA.—¡Pues claro! *(Imitando la voz.)* «Lo siento, cobrador, no puedo ahora. ¡Buenos días, don Manuel! ¡Dios mío, cobrador, si no puedo! ¡Hola, Elvirita, qué guapa estás!». ¡A ver si no lo estaba pidiendo descaradamente!

GENEROSA.—Es usted muy mal pensada.

PACA.—¿Mal pensada? ¡Si yo no lo censuro! ¿Qué va a hacer una mujer como ésa con setenta y cinco pesetas de pensión y un hijo que no da golpe?

GENEROSA.—Fernando trabaja.

PACA.—¿Y qué gana? ¡Una miseria! Entre el carbón, la comida y la casa se les va todo. Además, que le descuentan muchos días de sueldo. Y puede que lo echen de la papelería.

GENEROSA.—¡Pobre chico! ¿Por qué?

PACA.—Porque no va nunca. Para mí que ése lo que busca es pescar a Elvirita... y los cuartos de su padre.

GENEROSA.—¿No será al revés?

PACA.—¡Qué va! Es que ese niño sabe mucha táctica, y se hace querer. ¡Como es tan guapo! Porque lo es; eso no hay que negárselo.

GENEROSA.—*(Se asoma al hueco de la escalera y vuelve.)* Y Carmina sin venir... Oiga, Paca: ¿es verdad que don Manuel tiene dinero?

PACA.—Mujer, ya sabe usted que era oficinista. Pero con la agencia esa que ha montado se está forrando el riñón. Como tiene tantas relaciones y sabe tanta triquiñuela...

GENEROSA.—Y una agencia, ¿qué es?

PACA.—Un sacaperras. Para sacar permisos, certificados... ¡Negocios! Bueno, y me voy, que se hace tarde. *(Inicia la marcha y se detiene.)* ¿Y el señor Gregorio, cómo va?

GENEROSA.—Muy disgustado, el pobre. Como lo retiran por la edad... Y es lo que él dice: «¿De qué sirve que un hombre se deje los huesos durante cincuenta años conduciendo un tranvía, si luego le ponen en la calle?». Y el retiro es una miseria, Paca. Ya lo sabe usted. ¡Qué vida, Dios mío! No sé cómo vamos a salir adelante. Y mi Pepe, que no ayuda nada...

PACA.—Su Pepe es un granuja. Perdone que se lo diga, pero usted ya lo sabe. Ya le he dicho antes que no quiero volver a verle con mi Rosa.

GENEROSA.—*(Humillada.)* Lleva usted razón. ¡Pobre hijo mío!

PACA.—¿Pobre? Como Rosita. Otra que tal. A mí no me duelen prendas. ¡Pobres de nosotras, Generosa, pobres de nosotras! ¿Qué hemos hecho para este castigo? ¿Lo sabe usted?

GENEROSA.—Como no sea sufrir por ellos...

PACA.—Eso. Sufrir y nada más. ¡Qué asco de vida! Hasta luego, Generosa. Y gracias.

GENEROSA.—Hasta luego.

> *(Ambas se meten y cierran.* FERNANDO, *abrumado, va a recostarse en la barandilla. Pausa. Repentinamente se endereza y espera, de cara al público.* CARMINA *sube con la cacharra. Sus miradas se cruzan. Ella intenta pasar, con los ojos bajos.* FERNANDO *la detiene por un brazo.)*

FERNANDO.—Carmina.

CARMINA.—Déjeme...

FERNANDO.—No, Carmina. Me huyes constantemente y esta vez tienes que escucharme.

CARMINA.—Por favor, Fernando... ¡Suélteme!

FERNANDO.—Cuando éramos chicos nos tuteábamos... ¿Por qué no me tuteas ahora? *(Pausa.)* ¿Ya no te acuerdas de aquel tiempo? Yo era tu novio y tú eras mi novia... Mi novia... Y nos sentábamos aquí *(Señalando los peldaños.),* en ese escalón, cansados de jugar..., a seguir jugando a los novios.

CARMINA.—Cállese.

FERNANDO.—Entonces, me tuteabas y... me querías.

CARMINA.—Era una niña... Ya no me acuerdo.

FERNANDO.—Eras una mujercita preciosa. Y sigues siéndolo. Y no puedes haber olvidado. ¡Yo no he olvidado! Carmina, aquel tiempo es el único recuerdo maravilloso que conservo en medio de la sordidez en que vivimos. Y quería decirte... que siempre... has sido para mí lo que eras antes.

CARMINA.—¡No te burles de mí!

FERNANDO.—¡Te lo juro!

CARMINA.—¿Y todas... ésas con quien has paseado y... que has besado?

FERNANDO.—Tienes razón. Comprendo que no me creas. Pero un hombre... Es muy difícil de explicar. A ti, precisamente, no podía hablarte..., ni besarte... ¡Porque te quería, te quería y te quiero!

CARMINA.—No puedo creerte.

(Intenta marcharse.)

FERNANDO.—No, no. Te lo suplico. No te marches. Es preciso que me oigas... y que me creas. Ven. *(La lleva al primer peldaño.)* Como entonces.

(Con un ligero forcejeo la obliga a sentarse contra la pared y se sienta a su lado. Le quita la lechera y la deja junto a él. Le coge una mano.)

CARMINA.—¡Si nos ven!

FERNANDO.—¡Qué nos importa! Carmina, por favor, créeme. No puedo vivir sin ti. Estoy desesperado. Me ahoga la ordinariez que nos rodea. Necesito que me quieras y que me consueles. Si no me ayudas, no podré salir adelante.

CARMINA.—¿Por qué no se lo pides a Elvira?

(Pausa. Él la mira, excitado y alegre.)

FERNANDO.—¡Me quieres! ¡Lo sabía! ¡Tenías que quererme! *(Le levanta la cabeza. Ella sonríe involuntariamente.)* ¡Carmina, mi Carmina!

(Va a besarla, pero ella le detiene.)

CARMINA.—¿Y Elvira?

FERNANDO.—¡La detesto! Quiere cazarme con su dinero. ¡No la puedo ver!

CARMINA.—*(Con una risita.)* ¡Yo tampoco!

(Ríen, felices.)

FERNANDO.—Ahora tendría que preguntarte yo: ¿y Urbano?

CARMINA.—¡Es un buen chico! ¡Yo estoy loca por él! (FERNANDO *se enfurruña.)* ¡Tonto!

FERNANDO.—*(Abrazándola por el talle.)* Carmina, desde mañana voy a trabajar de firme por ti. Quiero salir de esta pobreza, de este sucio ambiente. Salir y sacarte a ti. Dejar para siempre los chismorreos, las broncas entre vecinos... Acabar con la angustia del dinero escaso, de los favores que abochornan como una bofetada, de los padres que nos abruman con su torpeza y su cariño servil, irracional...

CARMINA.—*(Reprensiva.)* ¡Fernando!

FERNANDO.—Sí. Acabar con todo esto. ¡Ayúdame tú! Escucha: voy a estudiar mucho, ¿sabes? Mucho. Primero me haré delineante. ¡Eso es fácil! En un año... Como para entonces ya ganaré bastante, estudiaré para aparejador. Tres años. Dentro de cuatro años seré un aparejador solicitado por todos los arquitectos. Ganaré mucho dinero. Por entonces tú serás ya mi mujercita, y viviremos en otro barrio, en un pisito limpio y tranquilo. Yo seguiré estudiando. ¿Quién sabe? Puede que para entonces me haga ingeniero. Y como una cosa no es incompatible con la otra, publicaré un libro de poesías, un libro que tendrá mucho éxito...

CARMINA.—*(Que le ha escuchado extasiada.)* ¡Qué felices seremos!

FERNANDO.—¡Carmina!

> *(Se inclina para besarla y da un golpe con el pie a la lechera, que se derrama estrepitosamente. Temblorosos, se levantan los dos y miran, asombrados, la gran mancha blanca en el suelo.)*

TELÓN

ACTO SEGUNDO

Han transcurrido diez años que no se notan en nada; la escalera sigue sucia y pobre, las puertas sin timbre, los cristales de la ventana sin lavar.

(Al comenzar el acto se encuentran en escena GENEROSA, CARMINA, PACA, TRINI *y el* SEÑOR JUAN. *Éste es un viejo alto y escuálido, de aire quijotesco, que cultiva unos anacrónicos bigotes lacios. El tiempo transcurrido se advierte en los demás:* PACA *y* GENEROSA *han encanecido mucho.* TRINI *es ya una mujer madura, aunque airosa.* CARMINA *conserva todavía su belleza: una belleza que empieza a marchitarse. Todos siguen pobremente vestidos, aunque con trajes más modernos. Las puertas I y III están abiertas de par en par. Las II y IV, cerradas. Todos los presentes se encuentran apoyados en el pasamanos, mirando por el hueco.* GENEROSA *y* CARMINA *están llorando; la hija rodea con un brazo la espalda de su madre. A poco,* GENEROSA *baja el tramo y sigue mirando desde el primer rellano.* CARMINA *la sigue después.)*

CARMINA.—Ande, madre... (GENEROSA *la aparta, sin dejar de mirar a través de sus lágrimas.*) Ande...

> *(Ella mira también. Sollozan de nuevo y se abrazan a medias, sin dejar de mirar.)*

GENEROSA.—Ya llegan al portal... *(Pausa.)* Casi no se le ve...

SEÑOR JUAN.—*(Arriba, a su mujer.)* ¡Cómo sudaban! Se conoce que pesa mucho.

> (PACA *le hace señas de que calle.*)

GENEROSA.—*(Abrazando a su hija.)* Solas, hija mía. ¡Solas! *(Pausa. De pronto se desase y sube lo más aprisa que puede la escalera.* CARMINA *la sigue. Al tiempo que suben.)* Déjeme mirar por su balcón, Paca. ¡Déjeme mirar!

PACA.—Sí, mujer.

> (GENEROSA *entre presurosa en el III. Tras ella,* CARMINA *y* PACA.)

TRINI.—*(A su padre, que se recuesta en la barandilla, pensativo.)* ¿No entra, padre?

SEÑOR JUAN.—No, hija. ¿Para qué? Ya he visto arrancar muchos coches fúnebres en esta vida. *(Pausa.)* ¿Te acuerdas del de doña Asunción? Fue un entierro de primera, con caja de terciopelo...

TRINI.—Dicen que lo pagó don Manuel.

SEÑOR JUAN.—Es muy posible. Aunque el entierro de don Manuel fue menos lujoso.

TRINI.—Es que ése lo pagaron los hijos.

SEÑOR JUAN.—Claro. *(Pausa.)* Y ahora, Gregorio. No sé cómo ha podido durar estos diez años. Desde la jubilación no levantó cabeza. *(Pausa.)* ¡A todos nos llegará la hora!

TRINI.—*(Juntándosele.)* ¡Padre, no diga eso!

SEÑOR JUAN.—¡Si es la verdad, hija! Y quizá muy pronto.

TRINI.—No piense en esas cosas. Usted está muy bien todavía...

SEÑOR JUAN.—No lo creas. Eso es por fuera. Por dentro... me duelen muchas cosas. *(Se acerca, como al descuido, a la puerta IV. Mira a* TRINI. *Señala tímidamente a la puerta.)* Esto. Esto me matará.

TRINI.—*(Acercándose.)* No, padre. Rosita es buena...

SEÑOR JUAN.—*(Separándose de nuevo y con triste sonrisa.)* ¡Buena! *(Se asoma a su casa. Suspira. Pasa junto al II y escucha un momento.)* Éstos no han chistado.

TRINI.—No.

> *(El padre se detiene después ante la puerta I. Apoya las manos en el marco y mira al interior vacío.)*

SEÑOR JUAN.—¡Ya no jugaremos más a las cartas, viejo amigo!

TRINI.—*(Que se le aproxima, entristecida, y tira de él.)* Vamos adentro, padre.

SEÑOR JUAN.—Se quedan con el día y la noche... Con el día y la noche. *(Mirando al I.)* Con un hijo que es un bandido...

TRINI.—Padre, deje eso.

> *(Pausa.)*

SEÑOR JUAN.—Ya nos llegará a todos.

(*Ella mueve la cabeza, desaprobando.* GENE-
ROSA, *rendida, sale del III, llevando a los la-*
dos a PACA *y a* CARMINA.)

PACA.—¡Ea! No hay que llorar más. Ahora a vivir. A salir
adelante.

GENEROSA.—No tengo fuerzas.

PACA.—¡Pues se inventan! No faltaba más.

GENEROSA.—¡Era tan bueno mi Gregorio!

PACA.—Todos nos tenemos que morir. Es ley de vida.

GENEROSA.—Mi Gregorio...

PACA.—Hala. Ahora barremos entre las dos la casa.
Y mi Trini irá luego por la compra y hará la comida.
¿Me oyes, Trini?

TRINI.—Sí, madre.

GENEROSA.—Yo me moriré pronto también.

CARMINA.—¡Madre!

PACA.—¿Quién piensa en morir?

GENEROSA.—Sólo quisiera dejar a esta hija... con un
hombre de bien... antes de morirme.

PACA.—¡Mejor sin morirse!

GENEROSA.—¡Para qué!...

PACA.—¡Para tener nietos, alma mía! ¿No le gustaría
tener nietos?

(*Pausa.*)

GENEROSA.—¡Mi Gregorio!

PACA.—Bueno. Se acabó. Vamos adentro. ¿Pasas, Juan?

SEÑOR JUAN.—Luego entraré un ratito. ¡Lo dicho, Generosa! ¡Y a tener ánimo!

(*La abraza.*)

GENEROSA.—Gracias...

> *(El* SEÑOR JUAN *y* TRINI *entran en su casa y cierran.* GENEROSA, PACA *y* CARMINA *se dirigen al I.)*

GENEROSA.—*(Antes de entrar.)* ¿Qué va a ser de nosotros, Dios mío? ¿Y de esta niña? ¡Ay, Paca! ¿Qué va a ser de mi Carmina?

CARMINA.—No se apure, madre.

PACA.—Claro que no. Ya saldremos todos adelante. Nunca os faltarán buenos amigos.

GENEROSA.—Todos sois muy buenos.

PACA.—¡Qué buenos, ni qué... peinetas! ¡Me dan ganas de darle azotes como a un crío!

> *(Se meten. La escalera queda sola. Pausa. Se abre el II cautelosamente y aparece* FERNANDO. *Los años han dado a su aspecto un tinte vulgar. Espía el descansillo y sale después, diciendo hacia adentro.)*

FERNANDO.—Puedes salir. No hay nadie.

> *(Entonces sale* ELVIRA, *con un niño de pecho en los brazos.* FERNANDO *y* ELVIRA *visten con modestia. Ella se mantiene hermosa, pero su cara no guarda nada de la antigua vivacidad.)*

ELVIRA.—¿En qué quedamos? Esto es vergonzoso. ¿Les damos o no les damos el pésame?

FERNANDO.—Ahora no. En la calle lo decidiremos.

ELVIRA.—¡Lo decidiremos! Tendré que decidir yo, como siempre. Cuando tú te pones a decidir nunca hacemos nada.

(FERNANDO *calla, con la expresión hosca. Inician la bajada.*) ¡Decidir! ¿Cuándo vas a decidirte a ganar más dinero? Ya ves que así no podemos vivir. *(Pausa.)* ¡Claro, el señor contaba con el suegro! Pues el suegro se acabó, hijo. Y no se te acaba la mujer no sé por qué.

FERNANDO.—¡Elvira!

ELVIRA.—¡Sí, enfádate porque te dicen las verdades! Eso sabrás hacer: enfadarte y nada más. Tú ibas a ser aparejador, ingeniero, y hasta diputado. ¡Je! Ese era el cuento que colocabas a todas. ¡Tonta de mí, que también te hice caso! Si hubiera sabido lo que me llevaba... Si hubiera sabido que no eras más que un niño mimado... La idiota de tu madre no supo hacer otra cosa que eso: mimarte.

FERNANDO.—*(Deteniéndose.)* ¡Elvira, no te consiento que hables así de mi madre! ¿Me entiendes?

ELVIRA.—*(Con ira.)* ¡Tú me has enseñado! ¡Tú eras el que hablaba mal de ella!

FERNANDO.—*(Entre dientes.)* Siempre has sido una niña caprichosa y sin educación.

ELVIRA.—¿Caprichosa? ¡Sólo tuve un capricho! ¡Uno solo! Y...

> (FERNANDO *le tira del vestido para avisarle de la presencia de* PEPE, *que sube. El aspecto de* PEPE *denota que lucha victoriosamente contra los años para mantener su prestancia.*)

PEPE.—*(Al pasar.)* Buenos días.
FERNANDO.—Buenos días.
ELVIRA.—Buenos días.

> (*Bajan.* PEPE *mira hacia el hueco de la escalera con placer. Después sube monologando.*)

PEPE.—Se conserva, se conserva la mocita.

(Se dirige al IV, pero luego mira al I, su antigua casa, y se acerca. Tras un segundo de vacilación ante la puerta, vuelve decididamente al IV y llama. Le abre ROSA, *que ha adelgazado y empalidecido.)*

ROSA.—*(Con acritud.)* ¿A qué vienes?

PEPE.—A comer, princesa.

ROSA.—A comer, ¿eh? Toda la noche emborrachándote con mujeres y a la hora de comer, a casita, a ver lo que la Rosa ha podido apañar por ahí.

PEPE.—No te enfades, gatita.

ROSA.—¡Sinvergüenza! ¡Perdido! ¿Y el dinero? ¿Y el dinero para comer? ¿Tú te crees que se puede poner el puchero sin tener cuartos?

PEPE.—Mira, niña, ya me estás cansando. Ya te he dicho que la obligación de traer dinero a casa es tan tuya como mía.

ROSA.—¿Y te atreves...?

PEPE.—Déjate de romanticismos. Si me vienes con pegas y con líos, me marcharé. Ya lo sabes. *(Ella se echa a llorar y le cierra la puerta. Él se queda divertidamente perplejo frente a ésta.* TRINI *sale del III con un capacho.* PEPE *se vuelve.)* Hola, Trini.

TRINI.—*(Sin dejar de andar.)* Hola.

PEPE.—Estás cada día más guapa... Mejoras con los años, como el vino.

TRINI.—*(Volviéndose de pronto.)* Si te has creído que soy tan tonta como Rosa, te equivocas.

PEPE.—No te pongas así, pichón.

TRINI.—¿No te da vergüenza haber estado haciendo el golfo mientras tu padre se moría? ¿No te has dado cuenta de que tu madre y tu hermana están ahí *(Señala al I.)*, llorando todavía porque hoy le dan tierra? Y ahora, ¿qué van a hacer? Matarse a coser, ¿verdad? *(Él se encoge de hombros.)* A ti no te importa nada. ¡Puah! Me das asco.

PEPE.—Siempre estáis pensando en el dinero. ¡Las mujeres no sabéis más que pedir dinero!

TRINI.—Y tú no sabes más que sacárselo a las mujeres. ¡Porque eres un chulo despreciable!

PEPE.—*(Sonriendo.)* Bueno, pichón, no te enfades. ¡Cómo te pones por un piropo!

> (URBANO, *que viene con su ropita de paseo, se ha parado al escuchar las últimas palabras y sube rabioso mientras va diciendo:)*

URBANO.—¡Ese piropo y otros muchos te los vas a tragar ahora mismo! *(Llega a él y le agarra por las solapas, zarandeándole.)* ¡No quiero verte molestar a Trini! ¿Me oyes?

PEPE.—Urbano, que no es para tanto...

URBANO.—¡Canalla! ¿Qué quieres? ¿Perderla a ella también? ¡Granuja! *(Le inclina sobre la barandilla.)* ¡Que no has valido ni para venir a presidir el duelo de tu padre! ¡Un día te tiro! ¡Te tiro!

> (Sale ROSA, *desalada, del IV para interponerse. Intenta separarlos y golpea a* URBANO *para que suelte.)*

ROSA.—¡¡Déjale!! ¡Tú no tienes que pegarle!

TRINI.—*(Con mansedumbre.)* Urbano tiene razón... Que no se meta conmigo.

ROSA.—¡Cállate tú, mosquita muerta!

TRINI.—*(Dolida.)* ¡Rosa!

Rosa.—*(A* Urbano.) ¡Déjale, te digo!

Urbano.—*(Sin soltar a* Pepe.) ¡Todavía le defiendes, imbécil!

Pepe.—¡Sin insultar!

Urbano.—*(Sin hacerle caso.)* Venir a perderte por un guiñapo como éste... Por un golfo... Un cobarde.

Pepe.—Urbano, esas palabras...

Urbano.—¡Cállate!

Rosa.—¿Y a ti qué te importa? ¿Me meto yo en tus asuntos? ¿Me meto en si rondas a Fulanita o te soplan a Menganita? Más vale cargar con Pepe que querer cargar con quien no quiere nadie...

Urbano.—¡Rosa!

> *(Se abre el III y sale el* Señor Juan, *enloquecido.)*

Señor Juan.—¡Callad! ¡Callad ya! ¡Me vais a matar! Sí, me moriré. ¡Me moriré como Gregorio!

Trini.—*(Se abalanza hacia él, gritando.)* ¡Padre, no!

Señor Juan.—*(Apartándola.)* ¡Déjame! *(A* Pepe.) ¿Por qué no te la llevaste a otra casa? ¡Teníais que quedaros aquí para acabar de amargarnos la vida!

Trini.—¡Calle, padre!

Señor Juan.—Sí. Mejor es callar. *(A* Urbano.) Y tú: suelta ese trapo.

Urbano.—*(Lanzando a* Pepe *sobre* Rosa.) Anda. Carga con él.

> (Paca *sale del I y cierra.)*

Paca.—¿Qué bronca es ésta? ¿No sabéis que ha habido un muerto aquí? ¡Brutos!

URBANO.—Madre tiene razón. No tenemos ningún respeto por el duelo de esas pobres.

PACA.—¡Claro que tengo razón! *(A* TRINI.) ¿Qué haces aquí todavía? ¡Anda a la compra! (TRINI *agacha la cabeza y baja la escalera.* PACA *interpela a su marido.)* ¿Y tú qué tienes que ver ni mezclarte con esta basura? *(Por* PEPE *y* ROSA. *Ésta, al sentirse aludida por su madre, entra en el IV y cierra de golpe.)* ¡Vamos adentro! *(Lleva al* SEÑOR JUAN *a su puerta. Desde allí, a* URBANO.) ¿Se acabó ya el entierro?

URBANO.—Sí, madre.

PACA.—¿Pues por qué no vas a decirlo?

URBANO.—Ahora mismo.

> *(*PEPE *empieza a bajar componiéndose el traje.* PACA *y el* SEÑOR JUAN *se meten y cierran.)*

PEPE.—*(Ya en el primer rellano, mirando a* URBANO *de reojo.)* ¡Llamarme cobarde a mí, cuando si no me enredo a golpes es por el asco que me dan! ¡Cobarde a mí! *(Pausa.)* ¡Peste de vecinos! Ni tienen educación, ni saben tratar a la gente, ni...

> *(Se va murmurando. Pausa.* URBANO *se encamina hacia el I. Antes de llegar abre* CARMINA, *que lleva un capacho en la mano. Cierra y se enfrentan. Un silencio.)*

CARMINA.—¿Terminó el...?

URBANO.—Sí.

CARMINA.—*(Enjugándose una lágrima.)* Muchas gracias, Urbano. Has sido muy bueno con nosotras.

URBANO.—*(Balbuceante.)* No tiene importancia. Ya sabes que yo..., que nosotros... estamos dispuestos...

CARMINA.—Gracias. Lo sé.

(Pausa. Baja la escalera con él a su lado.)

URBANO.—¿Vas..., vas a la compra?

CARMINA.—Sí.

URBANO.—Déjalo. Luego irá Trini. No os molestéis vosotras por nada.

CARMINA.—Iba a ir ella, pero se le habrá olvidado.

(Pausa.)

URBANO.—*(Parándose.)* Carmina...

CARMINA.—¿Qué?

URBANO.—¿Puedo preguntarte... qué vais a hacer ahora?

CARMINA.—No lo sé... Coseremos.

URBANO.—¿Podréis salir adelante?

CARMINA.—No lo sé.

URBANO.—La pensión de tu padre no era mucho, pero sin ella...

CARMINA.—Calla, por favor.

URBANO.—Dispensa... He hecho mal en recordártelo.

CARMINA.—No es eso.

(Intenta seguir.)

URBANO.—*(Interponiéndose.)* Carmina, yo...

CARMINA.—*(Atajándole rápida.)* Tú eres muy bueno. Muy bueno. Has hecho todo lo posible por nosotras. Te lo agradezco mucho.

URBANO.—Eso no es nada. Aún quisiera hacer mucho más.

CARMINA.—Ya habéis hecho bastante. Gracias de todos modos.

(Se dispone a seguir.)

URBANO.—¡Espera, por favor! *(Llevándola al «casinillo».)* Carmina, yo..., yo te quiero. *(Ella sonríe tristemente.)* Te quiero hace muchos años, tú lo sabes. Perdona que te lo diga hoy: soy un bruto. Es que no quisiera verte pasar privaciones ni un solo día. Ni a ti ni a tu madre. Me harías muy feliz si..., si me dijeras... que puedo esperar. *(Pausa. Ella baja la vista.)* Ya sé que no me quieres. No me extraña, porque yo no valgo nada. Soy muy poco para ti. Pero yo procuraría hacerte dichosa. *(Pausa.)* No me contestas...

CARMINA.—Yo... había pensado permanecer soltera.

URBANO.—*(Inclinando la cabeza.)* Quizá continúas queriendo a algún otro...

CARMINA.—*(Con disgusto.)* ¡No, no!

URBANO.—Entonces, es que... te desagrada mi persona.

CARMINA.—¡Oh, no!

URBANO.—Ya sé que no soy más que un obrero. No tengo cultura ni puedo aspirar a ser nada importante... Así es mejor. Así no tendré que sufrir ninguna decepción, como otros sufren.

CARMINA.—Urbano, te pido que...

URBANO.—Más vale ser un triste obrero que un señorito inútil... Pero si tú me aceptas yo subiré. ¡Subiré, sí! ¡Porque cuando te tenga a mi lado me sentiré lleno de energías para trabajar! ¡Para trabajar por ti! Y me perfeccionaré en la mecánica y ganaré más. *(Ella asiente tristemente, en silencio, traspasada por el recuerdo de un momento semejante.)* Viviríamos juntos: tu madre, tú y yo. Le daríamos a la vieja un poco de alegría en los años que le quedasen de vida. Y tú me harías feliz. *(Pausa.)*. Acéptame, te lo suplico.

CARMINA.—¡Eres muy bueno!

URBANO.—Carmina, te lo ruego. Consiente en ser mi novia. Déjame ayudarte con ese título.

CARMINA.—*(Llora refugiándose en sus brazos.)* ¡Gracias, gracias!

URBANO.—*(Enajenado.)* Entonces... ¿Sí? *(Ella asiente.)* ¡Gracias yo a ti! ¡No te merezco!

> *(Quedan un momento abrazados. Se separan con las manos cogidas. Ella le sonríe entre lágrimas.* PACA *sale de su casa. Echa una automática ojeada inquisitiva sobre el rellano y le parece ver algo en el «casinillo». Se acerca al IV para ver mejor, asomándose a la barandilla y los reconoce.)*

PACA.—¿Qué hacéis ahí?

URBANO.—*(Asomándose con* CARMINA.*)* Le estaba explicando a Carmina... el entierro.

PACA.—Bonita conversación. *(A* CARMINA.*)* ¿Dónde vas tú con el capacho?

CARMINA.—A la compra.

PACA.—¿No ha ido Trini por ti?

CARMINA.—No...

PACA.—Se le habrá olvidado con la bronca. Quédate en casa, yo iré en tu lugar. *(A* URBANO, *mientras empieza a bajar.)* Acompáñalas, anda. *(Se detiene. Fuerte.)* ¿No subís? *(Ellos se apresuran a hacerlo.* PACA *baja y se cruza con la pareja en la escalera. A* CARMINA, *cogiéndole el capacho.)* Dame el capacho. *(Sigue bajando. Se vuelve a mirarlos y ellos la miran también desde la puerta, confusos.*

CARMINA *abre con su llave, entran y cierran.* PACA, *con gesto expresivo.)* ¡Je! *(Cerca de la bajada, interpela por la barandilla a* TRINI, *que sube.)* ¿Por qué no te has llevado el capacho de Generosa?

TRINI.—*(Desde dentro.)* Se me pasó. A eso subía.

(Aparece con su capacho vacío.)

PACA.—Trae el capacho. Yo iré. Ve con tu padre, que tú sabes consolarle.

TRINI.—¿Qué le pasa?

PACA.—*(Suspirando.)* Nada... Lo de Rosa. *(Vuelve a suspirar.)* Dame el dinero. (TRINI *le da unas monedas y se dispone a seguir.* PACA, *confidencial.)* Oye: ¿sabes que...?

(Pausa.)

TRINI.—*(Deteniéndose.)* ¿Qué?
PACA.—Nada. Hasta luego.

> *(Se va.* TRINI *sube. Antes de llegar al segundo rellano sale de su casa el* SEÑOR JUAN, *que la ve cuando va a cerrar la puerta.)*

TRINI.—¿Dónde va usted?

SEÑOR JUAN.—A acompañar un poco a esas pobres mujeres. *(Pausa breve.)* ¿No has hecho la compra?

TRINI.—*(Llegando a él.)* Bajó madre a hacerla.

SEÑOR JUAN.—Ya. *(Se dirige al I, en tanto que ella se dispone a entrar. Luego se para y se vuelve.)* ¿Viste cómo defendía Rosita a ese bandido?

TRINI.—Sí, padre.

(Pausa.)

SEÑOR JUAN.—Es indignante... Me da vergüenza que sea mi hija.

TRINI.—Rosita no es mala, padre.

SEÑOR JUAN.—¡Calla! ¿Qué sabes tú? *(Con ira.)* ¡Ni mentármela siquiera! ¡Y no quiero que la visites, ni que hables con ella! Rosita se terminó para nosotros... ¡Se terminó! *(Pausa.)* Debe de defenderse muy mal, ¿verdad? *(Pausa.)* Aunque a mí no me importa nada.

TRINI.—*(Acercándose.)* Padre...

SEÑOR JUAN.—¿Qué?

TRINI.—Ayer Rosita me dijo... que su mayor pena era el disgusto que usted tenía.

SEÑOR JUAN.—¡Hipócrita!

TRINI.—Me lo dijo llorando, padre.

SEÑOR JUAN.—Las mujeres siempre tienen las lágrimas a punto. *(Pausa.)* Y... ¿qué tal se defiende?

TRINI.—Muy mal. El sinvergüenza ese no gana y a ella la repugna... ganarlo de otro modo.

SEÑOR JUAN.—*(Dolorosamente.)* ¡No lo creo! ¡Esa golfa!... ¡Bah! ¡Es una golfa, una golfa!

TRINI.—No, no, padre. Rosa es algo ligera, pero no ha llegado a eso. Se juntó con Pepe porque le quería... y aún le quiere. Y él siempre le está diciendo que debe ganarlo, y siempre la amenaza con dejarla. Y... la pega.

SEÑOR JUAN.—¡Canalla!

TRINI.—Y Rosa no quiere que él la deje. Y tampoco quiere echarse a la vida... Sufre mucho.

SEÑOR JUAN.—¡Todos sufrimos!

TRINI.—Y, por eso, con lo poco que él le da alguna vez, le va dando de comer. Y ella apenas come. Y no cena nunca. ¿No se ha fijado usted en lo delgada que se ha quedado?

(Pausa.)

SEÑOR JUAN.—No.

TRINI.—¡Se ve en seguida! Y sufre porque él dice que está ya fea y... no viene casi nunca. *(Pausa.)* ¡La pobre Rosita terminará por echarse a la calle para que él no la abandone!

SEÑOR JUAN.—*(Exaltado.)* ¿Pobre? ¡No la llames pobre! Ella se lo ha buscado. *(Pausa. Va a marcharse y se para otra vez.)* Sufres mucho por ella, ¿verdad?

TRINI.—Me da mucha pena, padre.

(Pausa.)

SEÑOR JUAN.—*(Con los ojos bajos.)* Mira, no quiero que sufras por ella. Ella no me importa nada, ¿comprendes? Nada. Pero tú sí. Y no quiero verte con esa preocupación. ¿Me entiendes?

TRINI.—Sí, padre.

SEÑOR JUAN.—*(Turbado.)* Escucha. Ahí dentro tengo unos durillos... Unos durillos ahorrados del café y de las copas...

TRINI.—¡Padre!

SEÑOR JUAN.—¡Calla y déjame hablar! Como el café y el vino no son buenos a la vejez..., pues los fui guardando. A mí, Rosa no me importa nada. Pero si te sirve de consuelo..., puedes dárselos.

TRINI.—¡Sí, sí, padre!

SEÑOR JUAN.—De modo que voy a buscarlos.

TRINI.—¡Qué bueno es usted!

SEÑOR JUAN.—*(Entrando.)* No, si lo hago por ti... *(Muy conmovida,* TRINI *espera ansiosamente la vuelta de su padre mientras lanza expresivas ojeadas al IV. El* SEÑOR JUAN *torna con unos billetes en la mano. Contándolos y sin mirarla, se los da.)* Ahí tienes.

TRINI.—Sí, padre.

SEÑOR JUAN.—*(Yendo hacia el I.)* Se los das, si quieres.

TRINI.—Sí, padre.

SEÑOR JUAN.—Como cosa tuya, naturalmente.

TRINI.—Sí.

SEÑOR JUAN.—*(Después de llamar en el I, con falsa autoridad.)* ¡Y que no se entere tu madre de esto!

TRINI.—No, padre.

(URBANO *abre al* SEÑOR JUAN.)

SEÑOR JUAN.—¡Ah! Estás aquí.

URBANO.—Sí, padre.

> *(El* SEÑOR JUAN *entra y cierra.* TRINI *se vuelve, llena de alegría y llama repetidas veces al IV. Después se da cuenta de que su casa ha quedado abierta; la cierra y torna a llamar. Pausa.* ROSA *abre.)*

TRINI.—¡Rosita!

ROSA.—Hola, Trini.

TRINI.—¡Rosita!

ROSA.—Te agradezco que vengas. Dispensa si antes te falté...

TRINI.—¡Eso no importa!

ROSA.—No me guardes rencor. Ya comprendo que hago mal defendiendo así a Pepe, pero...

TRINI.—¡Rosita! ¡Padre me ha dado dinero para ti!

ROSA.—¿Eh?

TRINI.—¡Mira! *(Le enseña los billetes.)* ¡Toma! ¡Son para ti!

> *(Se los pone en la mano.)*

Rosa.—*(Casi llorando.)* Trini, no..., no puede ser.

Trini.—Sí puede ser... Padre te quiere...

Rosa.—No me engañes, Trini. Ese dinero es tuyo.

Trini.—¿Mío? No sé cómo. ¡Me lo dio él! ¡Ahora mismo me lo ha dado! (Rosa *llora.*) Escucha cómo fue. *(La empuja para adentro.)* Él te nombró primero. Dijo que...

> *(Entran y cierran. Pausa* Elvira *y* Fernando *suben.* Fernando *lleva ahora al niño. Discuten.)*

Fernando.—Ahora entramos un minuto y les damos el pésame.

Elvira.—Ya te he dicho que no.

Fernando.—Pues antes querías.

Elvira.—Y tú no querías.

Fernando.—Sin embargo, es lo mejor. Compréndelo, mujer.

Elvira.—Prefiero no entrar.

Fernando.—Entraré yo solo entonces.

Elvira.—¡Tampoco! Eso es lo que tú quieres: ver a Carmina y decirle cositas y tonterías.

Fernando.—Elvira, no te alteres. Entre Carmina y yo terminó todo hace mucho tiempo.

Elvira.—No te molestes en fingir. ¿Crees que no me doy cuenta de las miraditas que le echas encima y de cómo procuras hacerte el encontradizo con ella?

Fernando.—Fantasías.

Elvira.—¿Fantasías? La querías y la sigues queriendo.

Fernando.—Elvira, sabes que yo te he...

Elvira.—¡A mí nunca me has querido! Te casaste por el dinero de papá.

Fernando.—¡Elvira!

ELVIRA.—Y, sin embargo, valgo mucho más que ella.

FERNANDO.—¡Por favor! ¡Pueden escucharnos los vecinos!

ELVIRA.—No me importa.

(Llegan al descansillo.)

FERNANDO.—Te juro que Carmina y yo no...

ELVIRA.—*(Dando pataditas en el suelo.)* ¡No me lo creo! ¡Y eso se tiene que acabar! *(Se dirige a su casa, mas él se queda junto al I.)* ¡Abre!

FERNANDO.—Vamos a dar el pésame; no seas terca.

ELVIRA.—Que no, te digo.

(Pausa. Él se aproxima.)

FERNANDO.—Toma a Fernandito.

(Se lo da y se dispone a abrir.)

ELVIRA.—*(En voz baja y violenta.)* ¡Tú tampoco vas! ¿Me has oído? *(Él abre la puerta sin contestar.)* ¿Me has oído?

FERNANDO.—¡Entra!

ELVIRA.—¡Tú antes! *(Se abre el I y aparecen* CARMINA *y* URBANO. *Están con las manos enlazadas, en una actitud clara. Ante la sorpresa de* FERNANDO, ELVIRA *vuelve a cerrar la puerta y se dirige a ellos, sonriente.)* ¡Qué casualidad, Carmina! Salíamos precisamente para ir a casa de ustedes.

CARMINA.—Muchas gracias.

(Ha intentado desprenderse, pero URBANO *la retiene.)*

ELVIRA.—*(Con cara de circunstancias.)* Sí, hija... Ha sido muy lamentable... Muy sensible.

FERNANDO.—*(Reportado.)* Mi mujer y yo les acompañamos, sinceramente, en el sentimiento.

CARMINA.—*(Sin mirarle.)* Gracias.

> *(La tensión aumenta, inconteniblemente, entre los cuatro.)*

ELVIRA.—¿Su madre está dentro?

CARMINA.—Sí; háganme el favor de pasar. Yo entro en seguida. *(Con vivacidad.)* En cuanto me despida de Urbano.

ELVIRA.—¿Vamos, Fernando? *(Ante el silencio de él.)* No te preocupes, hombre. *(A* CARMINA.*)* Está preocupado porque al nene le toca ahora la teta. *(Con una tierna mirada para* FERNANDO.*)* Se desvive por su familia. *(A* CARMINA.*)* Le daré el pecho en su casa. No le importa, ¿verdad?

CARMINA.—Claro que no.

ELVIRA.—Mire qué rico está mi Fernandito. (CARMINA *se acerca después de lograr desprenderse de* URBANO.*)* Dormidito. No tardará en chillar y pedir lo suyo.

CARMINA.—Es una monada.

ELVIRA.—Tiene toda la cara de su padre. *(A* FERNANDO.*)* Sí, sí; aunque te empeñes en que no. *(A* CARMINA.*)* Él asegura que es igual a mí. Le agrada mucho que se parezca a mí. Es a él a quien se parece, ¿no cree?

CARMINA.—Pues... no sé. ¿Tú qué crees, Urbano?

URBANO.—No entiendo mucho de eso. Yo creo que todos los niños pequeños se parecen.

FERNANDO.—*(A* URBANO.*)* Claro que sí. Elvira exagera. Lo mismo puede parecerse a ella, que... a Carmina, por ejemplo.

ELVIRA.—*(Violenta.)* ¡Ahora dices eso! ¡Pues siempre estás afirmando que es mi vivo retrato!

CARMINA.—Por lo menos, tendrá el aire de familia. ¡Decir que se parece a mí! ¡Qué disparate!

URBANO.—¡Completo!

CARMINA.—*(Al borde del llanto.)* Me va usted a hacer reír, Fernando, en un día como éste.

URBANO.—*(Con ostensible solicitud.)* Carmina, por favor, no te afectes. *(A* FERNANDO.) ¡Es muy sensible!

(FERNANDO *asiente.*)

CARMINA.—*(Con falsa ternura.)* Gracias, Urbano.

URBANO.—*(Con intención.)* Repórtate. Piensa en cosas más alegres... Puedes hacerlo...

FERNANDO.—*(Con la insolencia de un antiguo novio.)* Carmina fue siempre muy sensible.

ELVIRA.—*(Que lee en el corazón de la otra.)* Pero hoy tiene motivo para entristecerse. ¿Entramos, Fernando?

FERNANDO.—*(Tierno.)* Cuando quieras, nena.

URBANO.—Déjalos pasar, nena.

> *(Y aparta a* CARMINA, *con triunfal solicitud que brinda a* FERNANDO, *para dejar pasar al matrimonio.)*

TELÓN

ACTO TERCERO

Pasaron velozmente veinte años más. Es ya nuestra época. La escalera sigue siendo una humilde escalera de vecinos. El casero ha pretendido, sin éxito, disfrazar su pobreza con algunos nuevos detalles concedidos despaciosamente a lo largo del tiempo: la ventana tiene ahora cristales romboidales coloreados, y en la pared del segundo rellano, frente al tramo, puede leerse la palabra QUINTO en una placa de metal. Las puertas han sido dotadas de timbre eléctrico, y las paredes, blanqueadas.

(Una viejecita consumida y arrugada, de obesidad malsana y cabellos completamente blancos, desemboca, fatigada, en el primer rellano. Es PACA. *Camina lentamente, apoyándose en la barandilla, y lleva en la otra mano un capacho lleno de bultos.)*

PACA.—*(Entrecortadamente.)* ¡Qué vieja estoy! *(Acaricia la barandilla.)* ¡Tan vieja como tú! ¡Uf! *(Pausa.)* ¡Y qué sola! Ya no soy nada para mis hijos ni para mi nieta. ¡Un estorbo! *(Pausa.)* ¡Pues no me da la gana de serlo, demontre! *(Pausa. Resollando.)* ¡Hoj! ¡Qué escalerita! Ya podía poner ascensor el ladrón del casero. Hueco no falta. Lo que falta son ganas de rascarse el bolsillo. *(Pausa.)* En cambio, mi Juan la subía de dos en dos... hasta el día mismo de morirse. Y yo, que no puedo con ella..., no me muero ni con polvorones. *(Pausa.)* Bueno, y ahora que no me oye nadie. ¿Yo quiero o no quiero morirme? *(Pausa.)* Yo no quiero morirme. *(Pausa.)* Lo que quiero *(Ha llegado al segundo rellano y dedica una ojeada al I.)* es poder charlar con Generosa, y con Juan... *(Pausa. Se encamina a la puerta.)* ¡Pobre Generosa! ¡Ni los huesos quedarán! *(Pausa. Abre con su llave. Al entrar:)* ¡Y que me haga un poco más de caso mi nieta, demontre!

> *(Cierra. Pausa. Del IV sale un* SEÑOR BIEN VESTIDO. *Al pasar frente al I sale de éste un* JOVEN BIEN VESTIDO.)*

JOVEN.—Buenos días.

SEÑOR.—Buenos días. ¿A la oficina?

JOVEN.—Sí, señor. ¿Usted también?

SEÑOR.—Lo mismo. *(Bajan emparejados.)* ¿Y esos asuntos?

JOVEN.—Bastante bien. Saco casi otro sueldo. No me puedo quejar. ¿Y usted?

SEÑOR.—Marchando. Sólo necesitaría que alguno de estos vecinos antiguos se mudase, para ocupar un exterior. Después de desinfectarlo y pintarlo, podría recibir gente.

JOVEN.—Sí, señor. Lo mismo queremos nosotros.

SEÑOR.—Además, que no hay derecho a pagar tantísimo por un interior, mientras ellos tienen los exteriores casi de balde.

JOVEN.—Como son vecinos tan antiguos...

SEÑOR.—Pues no hay derecho. ¿Es que mi dinero vale menos que el de ellos?

JOVEN.—Además, que son unos indeseables.

SEÑOR.—No me hable. Si no fuera por ellos... Porque la casa, aunque muy vieja, no está mal.

JOVEN.—No. Los pisos son amplios.

SEÑOR.—Únicamente, la falta de ascensor.

JOVEN.—Ya lo pondrán. *(Pausa breve.)* ¿Ha visto los nuevos modelos de automóvil?

SEÑOR.—Son magníficos.

JOVEN.—¡Magníficos! Se habrá fijado en que la carrocería es completamente...

> *(Se van charlando. Pausa. Salen del III* UR-BANO *y* CARMINA. *Son ya casi viejos. Ella se prende familiarmente de su brazo y bajan. Cuando están a la mitad del tramo, suben por la izquierda* ELVIRA *y* FERNANDO, *también del brazo y con las huellas de la edad. Socialmente, su aspecto no ha cambiado: son dos viejos matrimonios, de obrero uno y el otro de empleado. Al cruzarse, se saludan secamente.* CARMINA *y* URBANO *bajan.* ELVIRA *y* FERNANDO *llegan en silencio al II y él llama al timbre.)*

ELVIRA.—¿Por qué no abres con el llavín?

FERNANDO.—Manolín nos abrirá.

> *(La puerta es abierta por* MANOLÍN, *un chico de unos doce años.)*

MANOLÍN.—*(Besando a su padre.)* Hola, papá.

FERNANDO.—Hola, hijo.

MANOLÍN.—*(Besando a su madre.)* Hola, mamá.
ELVIRA.—Hola.

(MANOLÍN *se mueve a su alrededor por ver si traen algo.)*

FERNANDO.—¿Qué buscas?
MANOLÍN.—¿No traéis nada?
FERNANDO.—Ya ves que no.
MANOLÍN.—¿Los traerán ahora?
ELVIRA.—¿El qué?
MANOLÍN.—¡Los pasteles!
FERNANDO.—¿Pasteles? No, hijo. Están muy caros.
MANOLÍN.—¡Pero, papá! ¡Hoy es mi cumpleaños!
FERNANDO.—Sí, hijo. Ya lo sé.
ELVIRA.—Y te guardamos una sorpresa.
FERNANDO.—Pero pasteles no pueden ser.
MANOLÍN.—Pues yo quiero pasteles.
FERNANDO.—No puede ser.
MANOLÍN.—¿Cuál es la sorpresa?
ELVIRA.—Ya la verás luego. Anda adentro.
MANOLÍN.—*(Camino de la escalera.)* No.
FERNANDO.—¿Dónde vas tú?
MANOLÍN.—A jugar.
ELVIRA.—No tardes.
MANOLÍN.—No. Hasta luego. *(Los padres cierran. Él baja los peldaños y se detiene en el «casinillo». Comenta.)* ¡Qué roñosos!

(Se encoge de hombros y, con cara de satisfacción, saca un cigarrillo. Tras una furtiva ojeada hacia arriba, saca una cerilla y la enciende en la pared. Se pone a fumar muy complacido.

> *Pausa. Salen del III* ROSA *y* TRINI: *una pareja notablemente igualada por las arrugas y la tristeza que la desilusión y las penas han puesto en sus rostros.* ROSA *lleva un capacho.)*

TRINI.—¿Para qué vienes, mujer? ¡Si es un momento!

ROSA.—Por respirar un poco el aire de la calle. Me ahogo en casa. *(Levantando el capacho.)* Además, te ayudaré.

TRINI.—Ya ves: yo prefiero, en cambio, estarme en casa.

ROSA.—Es que... no me gusta quedarme sola con madre. No me quiere bien.

TRINI.—¡Qué disparate!

ROSA.—Sí, sí... Desde aquello.

TRINI.—¿Quién se acuerda ya de eso?

ROSA.—¡Todos! Siempre lo recordamos y nunca hablamos de ello.

TRINI.—*(Con un suspiro.)* Déjalo. No te preocupes.

> (MANOLÍN, *que las ve bajar, se interpone en su camino y las saluda con alegría. Ellas se paran.)*

MANOLÍN.—¡Hola, Trini!

TRINI.—*(Cariñosa.)* ¡Mala pieza! *(Él lanza al aire, con orgullo, una bocanada de humo.)* ¡Madre mía! ¿Pues no está fumando? ¡Tira eso en seguida, cochino!

> *(Intenta tirarle el cigarrillo de un manotazo y él se zafa.)*

MANOLÍN.—¡Es que hoy es mi cumpleaños!

TRINI.—¡Caramba! ¿Y cuántos cumples?

MANOLÍN.—Doce. ¡Ya soy un hombre!

TRINI.—Si te hago un regalo, ¿me lo aceptarás?

MANOLÍN.—¿Qué me vas a dar?

TRINI.—Te daré dinero para que te compres un pastel.

MANOLÍN.—Yo no quiero pasteles.

TRINI.—¿No te gustan?

MANOLÍN.—No. Prefiero que me regales una cajetilla de tabaco.

TRINI.—¡Ni lo sueñes! Y tira ya eso.

MANOLÍN.—No quiero. *(Pero ella consigue tirarle el cigarrillo.)* Oye, Trini... Tú me quieres mucho, ¿verdad?

TRINI.—Naturalmente.

MANOLÍN.—Oye..., quiero preguntarte una cosa.

> *(Mira de reojo a* ROSA *y trata de arrastrar a* TRINI *hacia el «casinillo».)*

TRINI.—¿Dónde me llevas?

MANOLÍN.—Ven. No quiero que me oiga Rosa.

ROSA.—¿Por qué? Yo también te quiero mucho. ¿Es que no me quieres tú?

MANOLÍN.—No.

ROSA.—¿Por qué?

MANOLÍN.—Porque eres vieja y gruñona.

> *(*ROSA *se muerde los labios y se separa hacia la barandilla.)*

TRINI.—*(Enfadada.)* ¡Manolín!

MANOLÍN.—*(Tirando de* TRINI.*)* Ven... *(Ella le sigue, sonriente. Él la detiene con mucho misterio.)* ¿Te casarás conmigo cuando sea mayor?

> *(*TRINI *rompe a reír.* ROSA, *con cara triste, los mira desde la barandilla.)*

TRINI.—*(Risueña, a su hermana.)* ¡Una declaración!

MANOLÍN.—*(Colorado.)* No te rías y contéstame.

TRINI.—¡Qué tontería! ¿No ves que ya soy vieja?

MANOLÍN.—No.

TRINI.—*(Conmovida.)* Sí, hijo, sí. Y cuando tú seas mayor, yo seré una ancianita.

MANOLÍN.—No me importa. Yo te quiero mucho.

TRINI.—*(Muy emocionada y sonriente, le coge la cara entre las manos y le besa.)* ¡Hijo! ¡Qué tonto eres! ¡Tonto! *(Besándole.)* No digas simplezas. ¡Hijo! *(Besándole.)* ¡Hijo!

(Se separa y va ligera a emparejar con ROSA.*)*

MANOLÍN.—Oye...

TRINI.—*(Conduciendo a* ROSA, *que sigue seria.)* ¡Calla, simple! Y ya veré lo que te regalo: si un pastel... o una cajetilla.

> *(Se van rápidas.* MANOLÍN *las ve bajar y luego, dándose mucha importancia, saca otro cigarrillo y otra cerilla. Se sienta en el suelo del «casinillo» y fuma despacio, perdido en sus imaginaciones de niño. Se abre el III y sale* CARMINA, *hija de* CARMINA *y de* URBANO. *Es una atolondrada chiquilla de unos dieciocho años.* PACA *la despide desde la puerta.)*

CARMINA, HIJA.—Hasta luego, abuela. *(Avanza dando fuertes golpes en la barandilla, mientras tararea.)* La, ra, ra..., la, ra, ra...

PACA.—¡Niña!

CARMINA, HIJA.—*(Volviéndose.)* ¿Qué?

PACA.—No des así en la barandilla. ¡La vas a romper! ¿No ves que está muy vieja?

CARMINA, HIJA.—Que pongan otra.

PACA.—Que pongan otra... Los jóvenes, en cuanto una cosa está vieja, sólo sabéis tirarla. ¡Pues las cosas viejas hay que conservarlas! ¿Te enteras?

CARMINA, HIJA.—A ti, como eres vieja, te gustan las vejeces.

PACA.—Lo que quiero es que tengas más respeto para... la vejez.

CARMINA, HIJA.—*(Que se vuelve rápidamente y la abruma a besos.)* ¡Boba! ¡Vieja guapa!

PACA.—*(Ganada, pretende desasirse.)* ¡Quita, quita, hipócrita! ¡Ahora vienes con cariñitos! (CARMINA *la empuja y trata de cerrar.)*

CARMINA, HIJA.—Anda para dentro.

PACA.—¡Qué falta de vergüenza! ¿Crees que vas a mandar en mí? *(Forcejean.)* ¡Déjame!

CARMINA, HIJA.—Entra...

> *(La resistencia de* PACA *acaba en una débil risilla de anciana.)*

PACA.—*(Vencida.)* ¡No te olvides de comprar ajos!

> (CARMINA *cierra la puerta en sus narices. Vuelve a bajar, rápida, sin dejar sus golpes al pasamanos ni su tarareo. La puerta del II se abre por* FERNANDO, *hijo de* FERNANDO *y* ELVIRA. *Sale en mangas de camisa. Es arrogante y pueril. Tiene veintiún años.)*

FERNANDO, HIJO.—Carmina.

(Ella, en los primeros escalones aún, se inmo-
viliza y calla, temblorosa, sin volver la cabeza.
Él baja en seguida a su altura. MANOLÍN *se*
disimula y escucha con infantil picardía.)

CARMINA, HIJA.—¡Déjame, Fernando! Aquí, no. Nos
pueden ver.

FERNANDO, HIJO.—¡Qué nos importa!

CARMINA, HIJA.—Déjame.

(Intenta seguir. Él la detiene con brusquedad.)

FERNANDO, HIJO.—¡Escúchame, te digo! ¡Te estoy ha-
blando!

CARMINA, HIJA.—*(Asustada.)* Por favor, Fernando.

FERNANDO, HIJO.—No. Tiene que ser ahora. Tienes que
decirme en seguida por qué me has esquivado estos días.
(Ella mira, angustiada, por el hueco de la escalera.) ¡Vamos, contesta! ¿Por qué? *(Ella mira a la puerta de su casa.)*
¡No mires más! No hay nadie.

CARMINA, HIJA.—Fernando, déjame ahora. Esta tarde
podremos vernos donde el último día.

FERNANDO, HIJO.—De acuerdo. Pero ahora me vas a decir por qué no has venido estos días.

(Ella consigue bajar unos peldaños más. Él la
retiene y la sujeta contra la barandilla.)

CARMINA, HIJA.—¡Fernando!

FERNANDO, HIJO.—¡Dímelo! ¿Es que ya no me quieres? *(Pausa.)* No me has querido nunca, ¿verdad? Ésa es
la razón. ¡Has querido coquetear conmigo, divertirte conmigo!

CARMINA, HIJA.—No, no...

FERNANDO, HIJO.—Sí. Eso es. *(Pausa.)* ¡Pues no te saldrás con la tuya!

CARMINA, HIJA.—Fernando, yo te quiero. ¡Pero déjame! ¡Lo nuestro no puede ser!

FERNANDO, HIJO.—¿Por qué no puede ser?

CARMINA, HIJA.—Mis padres no quieren.

FERNANDO, HIJO.—¿Y qué? Eso es un pretexto. ¡Un mal pretexto!

CARMINA, HIJA.—No, no..., de verdad. Te lo juro.

FERNANDO, HIJO.—Si me quisieras de verdad no te importaría.

CARMINA, HIJA.—*(Sollozando.)* Es que... me han amenazado y... me han pegado...

FERNANDO, HIJO.—¡Cómo!

CARMINA, HIJA.—Sí. Y hablan mal de ti... y de tus padres... ¡Déjame, Fernando! *(Se desprende. Él está paralizado.)* Olvida lo nuestro. No puede ser... Tengo miedo...

> *(Se va rápidamente, llorosa.* FERNANDO *llega hasta el rellano y la mira bajar, abstraído. Después se vuelve y ve a* MANOLÍN. *Su expresión se endurece.)*

FERNANDO, HIJO.—¿Qué haces aquí?

MANOLÍN.—*(Muy divertido.)* Nada.

FERNANDO, HIJO.—Anda para casa.

MANOLÍN.—No quiero.

FERNANDO, HIJO.—¡Arriba, te digo!

MANOLÍN.—Es mi cumpleaños y hago lo que quiero. ¡Y tú no tienes derecho a mandarme!

> *(Pausa.)*

FERNANDO, HIJO.—Si no fueras el favorito... ya te daría yo cumpleaños.

> *(Pausa. Comienza a subir mirando a* MANO-LÍN *con suspicacia. Éste contiene con trabajo la risa.)*

MANOLÍN.—*(Envalentonado.)* ¡Qué entusiasmado estás con Carmina!

FERNANDO, HIJO.—*(Bajando al instante.)* ¡Te voy a cortar la lengua!

MANOLÍN.—*(Con regocijo.)* ¡Parecíais dos novios de película! *(En tono cómico.)* «¡No me abandones, Nelly! ¡Te quiero, Bob!». (FERNANDO *le da una bofetada. A* MANOLÍN *se le saltan las lágrimas y se esfuerza, rabioso, en patear las espinillas y los pies de su hermano.)* ¡Bruto!

FERNANDO, HIJO.—*(Sujetándole.)* ¿Qué hacías en el «casinillo»?

MANOLÍN.—¡No te importa! ¡Bruto! ¡Idiota!... ¡¡Romántico!!

FERNANDO, HIJO.—Fumando, ¿eh? *(Señala las colillas en el suelo.)* Ya verás cuando se entere papá.

MANOLÍN.—¡Y yo le diré que sigues siendo novio de Carmina!

FERNANDO, HIJO.—*(Apretándole un brazo.)* ¡Qué bien trasteas a los padres, marrano, hipócrita! ¡Pero los pitillos te van a costar caros!

MANOLÍN.—*(Que se desase y sube presuroso el tramo.)* ¡No te tengo miedo! Y diré lo de Carmina. ¡Lo diré ahora mismo!

> *(Llama con apremio al timbre de su casa.)*

FERNANDO, HIJO.—*(Desde la barandilla del primer rellano.)* ¡Baja, chivato!

MANOLÍN.—No. Además, esos pitillos no son míos.

FERNANDO, HIJO.—¡Baja!

(FERNANDO, *el padre, abre la puerta.*)

MANOLÍN.—¡Papá, Fernando estaba besándose con Carmina en la escalera!

FERNANDO, HIJO.—¡Embustero!

MANOLÍN.—Sí, papá. Yo no los veía porque estaba en el «casinillo»; pero...

FERNANDO.—*(A* MANOLÍN.) Pasa para adentro.

MANOLÍN.—Papá, te aseguro que es verdad.

FERNANDO.—Adentro. *(Con un gesto de burla a su hermano,* MANOLÍN *entra.)* Y tú, sube.

FERNANDO, HIJO.—Papá, no es cierto que me estuviera besando con Carmina.

(*Empieza a subir.*)

FERNANDO.—¿Estabas con ella?

FERNANDO, HIJO.—Sí.

FERNANDO.—¿Recuerdas que te hemos dicho muchas veces que no tontearas con ella?

FERNANDO, HIJO.—*(Que ha llegado al rellano.)* Sí.

FERNANDO.—Y has desobedecido...

FERNANDO, HIJO.—Papá... Yo...

FERNANDO.—Entra. *(Pausa.)* ¿Has oído?

FERNANDO, HIJO.—*(Rebelándose.)* ¡No quiero! ¡Se acabó!

FERNANDO.—¿Qué dices?

FERNANDO, HIJO.—¡No quiero entrar! ¡Ya estoy harto de vuestras estúpidas prohibiciones!

FERNANDO.—*(Conteniéndose.)* Supongo que no querrás escandalizar para los vecinos...

FERNANDO, HIJO.—¡No me importa! ¡También estoy harto de esos miedos! *(ELVIRA, avisada sin duda por MA-NOLÍN, sale a la puerta.)* ¿Por qué no puedo hablar con Carmina, vamos a ver? ¡Ya soy un hombre!

ELVIRA.—*(Que interviene con acritud.)* ¡No para Carmina!

FERNANDO.—*(A* ELVIRA.*)* ¡Calla! *(A su hijo.)* Y tú, entra. Aquí no podemos dar voces.

FERNANDO, HIJO.—¿Qué tengo yo que ver con vuestros rencores y vuestros viejos prejuicios? ¿Por qué no vamos a poder querernos Carmina y yo?

ELVIRA.—¡Nunca!

FERNANDO.—No puede ser, hijo.

FERNANDO, HIJO.—Pero ¿por qué?

FERNANDO.—Tú no lo entiendes. Pero entre esa familia y nosotros no puede haber noviazgos.

FERNANDO, HIJO.—Pues os tratáis.

FERNANDO.—Nos saludamos, nada más. *(Pausa.)* A mí, realmente, no me importaría demasiado. Es tu madre...

ELVIRA.—Claro que no. ¡Ni hablar de la cosa!

FERNANDO.—Los padres de ella tampoco lo consentirían. Puedes estar seguro.

ELVIRA.—Y tú debías ser el primero en prohibírselo, en vez de halagarle con esas blanduras improcedentes.

FERNANDO.—¡Elvira!

ELVIRA.—¡Improcedentes! *(A su hijo.)* Entra, hijo.

FERNANDO, HIJO.—Pero mamá... Papá... ¡Cada vez lo entiendo menos! Os empeñáis en no comprender que yo... ¡no puedo vivir sin Carmina!

FERNANDO.—Eres tú el que no nos comprendes. Yo te lo explicaré todo, hijo.

ELVIRA.—¡No tienes que explicar nada! *(A su hijo.)* Entra.

FERNANDO.—Hay que explicarle, mujer... *(A su hijo.)* Entra, hijo.

FERNANDO, HIJO.—*(Entrando, vencido.)* No os comprendo... No os comprendo.

> *(Cierran. Pausa.* TRINI *y* ROSA *vuelven de la compra.)*

TRINI.—¿Y no le has vuelto a ver?

ROSA.—¡Muchas veces! Al principio no me saludaba, me evitaba. Y yo, como una tonta, le buscaba. Ahora es al revés.

TRINI.—¿Te busca él?

ROSA.—Ahora me saluda, y yo a él no. ¡Canalla! Me ha entretenido durante años para dejarme cuando ya no me mira a la cara nadie.

TRINI.—Estará ya viejo...

ROSA.—¡Muy viejo! Y muy gastado. Porque sigue bebiendo y trasnochando.

TRINI.—¡Qué vida!

ROSA.—Casi me alegro de no haber tenido hijos con él. No habrían salido sanos. *(Pausa.)* ¡Pero yo hubiera querido tener un niño, Trini! Y hubiese querido que él no fuese como era... y que el niño se le hubiese parecido.

TRINI.—Las cosas nunca suceden a nuestro gusto.

ROSA.—No. *(Pausa.)* ¡Pero, al menos, un niño! ¡Mi vida se habría llenado con un niño!

> *(Pausa.)*

TRINI.—... La mía también.

ROSA.—¿Eh? *(Pausa breve.)* Claro. ¡Pobre Trini! ¡Qué lástima que no te hayas casado!

TRINI.—*(Deteniéndose, sonríe con pena.)* ¡Qué iguales somos en el fondo tú y yo!

Rosa.—Todas las mujeres somos iguales en el fondo.

Trini.—Sí... Tú has sido el escándalo de la familia y yo la víctima. Tú quisiste vivir tu vida y yo me dediqué a la de los demás. Te juntaste con un hombre y yo sólo conozco el olor de los de la casa... Ya ves: al final hemos venido a fracasar de igual manera.

(Rosa *la enlaza y aprieta suavemente su talle.* Trini *la imita. Llegan enlazadas a la puerta.*)

Rosa.—*(Suspirando.)* Abre...

Trini.—*(Suspirando.)* Sí... Ahora mismo.

(*Abre con el llavín y entran. Pausa. Suben* UR-BANO, CARMINA *y su hija. El padre viene riñendo a la muchacha, que atiende tristemente sumisa. La madre se muestra jadeante y muy cansada.*)

Urbano.—¡Y no quiero que vuelvas a pensar en Fernando! Es como su padre: un inútil.

Carmina.—¡Eso!

Urbano.—Más de un pitillo nos hemos fumado el padre y yo ahí mismo *(Señala al «casinillo»),* cuando éramos jóvenes. Me acuerdo muy bien. Tenía muchos pajaritos en la cabeza. Y su hijo es como él: un gandul. Así es que no quiero ni oírte su nombre. ¿Entendido?

Carmina, hija.—Sí, padre.

(*La madre se apoya, agotada, en el pasamanos.*)

Urbano.—¿Te cansas?

Carmina.—Un poco.

URBANO.—Un esfuerzo. Ya no queda nada. *(A la hija, dándole la llave.)* Toma, ve abriendo. *(Mientras la muchacha sube y entra, dejando la puerta entornada.)* ¿Te duele el corazón?

CARMINA.—Un poquillo...

URBANO.—¡Dichoso corazón!

CARMINA.—No es nada. Ahora se pasará.

(Pausa.)

URBANO.—¿Por qué no quieres que vayamos a otro médico?

CARMINA.—*(Seca.)* Porque no.

URBANO.—¡Una testarudez tuya! Puede que otro médico consiguiese...

CARMINA.—Nada. Esto no tiene arreglo; es de la edad... y de las desilusiones.

URBANO.—¡Tonterías! Podíamos probar...

CARMINA.—¡Que no! ¡Y déjame en paz!

URBANO.—¿Cuándo estaremos de acuerdo tú y yo en algo?

CARMINA.—*(Con amargura.)* Nunca.

URBANO.—Cuando pienso lo que pudiste haber sido para mí... ¿Por qué te casaste conmigo si no me querías?

CARMINA.—*(Seca.)* No te engañé. Tú te empeñaste.

URBANO.—Sí. Supuse que podría hacerte olvidar otras cosas... Y esperaba más correspondencia, más...

CARMINA.—Más agradecimiento.

URBANO.—No es eso. *(Suspira.)* En fin, paciencia.

CARMINA.—Paciencia.

(PACA se asoma y los mira. Con voz débil, que contrasta con la fuerza de una pregunta igual hecha veinte años antes:)

PACA.—¿No subís?
URBANO.—Sí.
CARMINA.—Sí. Ahora mismo.

(PACA *se mete.*)

URBANO.—¿Puedes ya?
CARMINA.—Sí.

(URBANO *le da el brazo. Suben lentamente, silenciosos. De peldaño en peldaño se oye la dificultosa respiración de ella. Llegan finalmente y entran. A punto de cerrar,* URBANO *ve a* FERNANDO, *el padre, que sale del II y emboca la escalera. Vacila un poco y al fin se decide a llamarle cuando ya ha bajado unos peldaños.*)

URBANO.—Fernando.
FERNANDO.—*(Volviéndose.)* Hola. ¿Qué quieres?
URBANO.—Un momento. Haz el favor.
FERNANDO.—Tengo prisa.
URBANO.—Es sólo un minuto.
FERNANDO.—¿Qué quieres?
URBANO.—Quiero hablarte de tu hijo.
FERNANDO.—¿De cuál de los dos?
URBANO.—De Fernando.
FERNANDO.—¿Y qué tienes que decir de Fernando?
URBANO.—Que harías bien impidiéndole que sonsacase a mi Carmina.
FERNANDO.—¿Acaso crees que me gusta la cosa? Ya le hemos dicho todo lo necesario. No podemos hacer más.
URBANO.—¿Luego lo sabías?

FERNANDO.—Claro que lo sé. Haría falta estar ciego...

URBANO.—Lo sabías y te alegrabas, ¿no?

FERNANDO.—¿Que me alegraba?

URBANO.—¡Sí! Te alegrabas. Te alegrabas de ver a tu hijo tan parecido a ti mismo... De encontrarle tan irresistible como lo eras tú hace treinta años.

(Pausa.)

FERNANDO.—No quiero escucharte. Adiós.

(Va a marcharse.)

URBANO.—¡Espera! Antes hay que dejar terminada esta cuestión. Tu hijo...

FERNANDO.—*(Sube y se enfrenta con él.)* Mi hijo es una víctima, como lo fui yo. A mi hijo le gusta Carmina porque ella se le ha puesto delante. Ella es quien le saca de sus casillas. Con mucha mayor razón podría yo decirte que la vigilases.

URBANO.—¡Ah, en cuanto a ella puedes estar seguro! Antes la deslomo que permitir que se entienda con tu Fernandito. Es a él a quien tienes que sujetar y encarrilar. Porque es como tú eras: un tenorio y un vago.

FERNANDO.—¿Yo un vago?

URBANO.—Sí. ¿Dónde han ido a parar tus proyectos de trabajo? No has sabido hacer más que mirar por encima del hombro a los demás. ¡Pero no te has emancipado, no te has libertado! *(Pegando en el pasamanos.)* ¡Sigues amarrado a esta escalera, como yo, como todos!

FERNANDO.—Sí; como tú. También tú ibas a llegar muy lejos con el sindicato y la solidaridad. *(Irónico.)* Ibais a arreglar las cosas para todos... Hasta para mí.

URBANO.—¡Sí! ¡Hasta para los zánganos y cobardes como tú!

(CARMINA, *la madre, sale al descansillo después de escuchar un segundo e interviene. El altercado crece en violencia hasta su final.*)

CARMINA.—¡Eso! ¡Un cobarde! ¡Eso es lo que has sido siempre! ¡Un gandul y un cobarde!

URBANO.—¡Tú cállate!

CARMINA.—¡No quiero! Tenía que decírselo. (*A* FERNANDO.) ¡Has sido un cobarde toda tu vida! Lo has sido para las cosas más insignificantes... y para las más importantes. (*Lacrimosa.*) ¡Te asustaste como una gallina cuando hacía falta ser un gallo con cresta y espolones!

URBANO.—(*Furioso.*) ¡Métete para adentro!

CARMINA.—¡No quiero! (*A* FERNANDO.) Y tu hijo es como tú: un cobarde, un vago y un embustero. Nunca se casará con mi hija, ¿entiendes?

(*Se detiene, jadeante.*)

FERNANDO.—Ya procuraré yo que no haga esa tontería.

URBANO.—Para vosotros no sería una tontería, porque ella vale mil veces más que él.

FERNANDO.—Es tu opinión de padre. Muy respetable. (*Se abre el II y aparece* ELVIRA, *que escucha y los contempla.*) Pero Carmina es de la pasta de su familia. Es como Rosita...

URBANO.—(*Que se acerca a él rojo de rabia.*) Te voy a...

(*Su mujer le sujeta.*)

FERNANDO.—¡Sí! ¡A tirar por el hueco de la escalera! Es tu amenaza favorita. Otra de las cosas que no has sido capaz de hacer con nadie.

ELVIRA.—*(Avanzando.)* ¿Por qué te avienes a discutir con semejante gentuza? (FERNANDO, HIJO, *y* MANOLÍN *ocupan la puerta y presencian la escena con disgustado asombro.)* Vete a lo tuyo.

CARMINA.—¡Una gentuza a la que no tiene usted derecho a hablar!

ELVIRA.—Y no la hablo.

CARMINA.—¡Debería darle vergüenza! ¡Porque usted tiene la culpa de todo esto!

ELVIRA.—¿Yo?

CARMINA.—Sí, usted, que ha sido siempre una zalamera y una entrometida...

ELVIRA.—¿Y usted qué ha sido? ¡Una mosquita muerta! Pero le salió mal la combinación.

FERNANDO.—*(A su mujer.)* Estáis diciendo muchas tonterías...

(CARMINA, HIJA; PACA, ROSA *y* TRINI *se agolpan en su puerta.)*

ELVIRA.—¡Tú te callas! *(A* CARMINA, *por* FERNANDO.*)* ¿Cree usted que se lo quité? ¡Se lo regalaría de buena gana!

FERNANDO.—¡Elvira, cállate! ¡Es vergonzoso!

URBANO.—*(A su mujer.)* ¡Carmina, no discutas eso!

ELVIRA.—*(Sin atender a su marido.)* Fue usted, que nunca supo retener a nadie, que no ha sido capaz de conmover a nadie..., ni de conmoverse.

CARMINA.—¡Usted, en cambio, se conmovió a tiempo! ¡Por eso se lo llevó!

ELVIRA.—¡Cállese! ¡No tiene derecho a hablar! Ni usted ni nadie de su familia puede rozarse con personas decentes.

Paca ha sido toda su vida una murmuradora... y una consentidora. *(A* URBANO.) ¡Como usted! Consentidores de los caprichos de Rosita... ¡Una cualquiera!

ROSA.—¡Deslenguada! ¡Víbora!

(Se abalanza y la agarra del pelo. Todos vocean. CARMINA *pretende pegar a* ELVIRA. URBANO *trata de separarlas.* FERNANDO *sujeta a su mujer. Entre los dos consiguen separarlas a medias.* FERNANDO, HIJO, *con el asco y la amargura pintados en su faz, avanza despacio por detrás del grupo y baja los escalones, sin dejar de mirar, tanteando la pared a sus espaldas. Con desesperada actitud sigue escuchando desde el «casinillo» la disputa de los mayores.)*

FERNANDO.—¡Basta! ¡Basta ya!

URBANO.—*(A los suyos.)* ¡Adentro todos!

ROSA.—*(A* ELVIRA.) ¡Si yo me junté con Pepe y me salió mal, usted cazó a Fernando!

ELVIRA.—¡Yo no he cazado a nadie!

ROSA.—¡A Fernando!

CARMINA.—¡Sí! ¡A Fernando!

ROSA.—Y le ha durado. Pero es tan chulo como Pepe.

FERNANDO.—¿Cómo?

URBANO.—*(Enfrentándose con él.)* ¡Claro que sí! ¡En eso llevan razón! Has sido un cazador de dotes. En el fondo, igual que Pepe. ¡Peor! ¡Porque tú has sabido nadar y guardar la ropa!

FERNANDO.—¡No te parto la cabeza porque...!

(Las mujeres los sujetan ahora.)

URBANO.—¡Porque no puedes! ¡Porque no te atreves! ¡Pero a tu niño se la partiré yo como le vea rondar a Carmina!

PACA.—¡Eso! ¡A limpiarse de mi nieta!

URBANO.—*(Con grandes voces.)* ¡Y se acabó! ¡Adentro todos!

(Los empuja rudamente.)

ROSA.—*(Antes de entrar, a* ELVIRA.*)* ¡Pécora!

CARMINA.—*(Lo mismo.)* ¡Enredadora!

ELVIRA.—¡Escandalosas! ¡Ordinarias!

(URBANO *logra hacer entrar a los suyos y cierra con un tremendo portazo.)*

FERNANDO.—*(A* ELVIRA *y* MANOLÍN.*)* ¡Vosotros, para dentro también!

ELVIRA.—*(Después de considerarle un momento con desprecio.)* ¡Y tú a lo tuyo, que ni para eso vales!

(Su marido la mira violento. Ella mete a MANOLÍN *de un empujón y cierra también con un portazo.* FERNANDO *baja tembloroso la escalera, con la lentitud de un vencido. Su hijo,* FERNANDO, *lo ve cruzar y desaparecer con una mirada de espanto. La escalera queda en silencio.* FERNANDO, HIJO, *oculta la cabeza entre las manos. Pausa larga.* CARMINA, HIJA, *sale con mucho sigilo de su casa y cierra la puerta sin ruido. Su cara no está menos descompuesta que la de* FERNANDO. *Mira por el hueco y después fija la vista, con ansiedad, en la esquina del «casinillo». Baja tímidamente unos peldaños, sin dejar de mirar.* FERNANDO *la siente y se asoma.)*

FERNANDO, HIJO.—¡Carmina! *(Aunque esperaba su presencia, ella no puede reprimir un suspiro de susto. Se miran un momento y en seguida ella baja corriendo y se arroja en sus brazos.)* ¡Carmina!...

CARMINA, HIJA.—¡Fernando! Ya ves... Ya ves que no puede ser.

FERNANDO, HIJO.—¡Sí puede ser! No te dejes vencer por su sordidez. ¿Qué puede haber de común entre ellos y nosotros? ¡Nada! Ellos son viejos y torpes. No comprenden... Yo lucharé para vencer. Lucharé por ti y por mí. Pero tienes que ayudarme, Carmina. Tienes que confiar en mí y en nuestro cariño.

CARMINA, HIJA.—¡No podré!

FERNANDO, HIJO.—Podrás. Podrás... porque yo te lo pido. Tenemos que ser más fuertes que nuestros padres. Ellos se han dejado vencer por la vida. Han pasado treinta años subiendo y bajando esta escalera... Haciéndose cada día más mezquinos y más vulgares. Pero nosotros no nos dejaremos vencer por este ambiente. ¡No! Porque nos marcharemos de aquí. Nos apoyaremos el uno en el otro. Me ayudarás a subir, a dejar para siempre esta casa miserable, estas broncas constantes, estas estrecheces. Me ayudarás, ¿verdad? Dime que sí, por favor. ¡Dímelo!

CARMINA, HIJA.—¡Te necesito, Fernando! ¡No me dejes!

FERNANDO, HIJO.—¡Pequeña! *(Quedan un momento abrazados. Después, él la lleva al primer escalón y la sienta junto a la pared, sentándose a su lado. Se cogen las manos y se miran arrobados.)* Carmina, voy a empezar en seguida a trabajar por ti. ¡Tengo muchos proyectos! (CARMINA, *la madre, sale de su casa con expresión inquieta y los divisa, entre disgustada y angustiada. Ellos no se dan cuenta.)* Saldré de aquí. Dejaré a mis padres. No los quiero. Y te salvaré a ti. Vendrás conmigo. Abandonaremos este nido de rencores y de brutalidad.

CARMINA, HIJA.—¡Fernando!

(FERNANDO, *el padre, que sube la escalera, se detiene, estupefacto, al entrar en escena.*)

FERNANDO, HIJO.—Sí, Carmina. Aquí sólo hay brutalidad e incomprensión para nosotros. Escúchame. Si tu cariño no me falta, emprenderé muchas cosas. Primero me haré aparejador. ¡No es difícil! En unos años me haré un buen aparejador. Ganaré mucho dinero y me solicitarán todas las empresas constructoras. Para entonces ya estaremos casados... Tendremos nuestro hogar, alegre y limpio..., lejos de aquí. Pero no dejaré de estudiar por eso. ¡No, no, Carmina! Entonces me haré ingeniero. Seré el mejor ingeniero del país y tú serás mi adorada mujercita...

CARMINA, HIJA.—¡Fernando! ¡Qué felicidad!... ¡Qué felicidad!

FERNANDO, HIJO.—¡Carmina!

(*Se contemplan extasiados, próximos a besarse. Los padres se miran y vuelven a observarlos. Se miran de nuevo, largamente. Sus miradas, cargadas de una infinita melancolía, se cruzan sobre el hueco de la escalera sin ro-zar el grupo ilusionado de los hijos.*)

TELÓN

GUÍA DE LECTURA

por Virtudes Serrano

Antonio Buero Vallejo. Foto archivo Espasa

CRONOLOGÍA

de Antonio Buero Vallejo

1916 Nace el 29 de septiembre en Guadalajara.

1926-1933 Cursa el bachillerato en su ciudad natal y en Larache (Marruecos), por destino temporal de su padre. Muy atraído por el dibujo y la pintura, lee también muchos textos dramáticos de la biblioteca paterna; con él asiste con frecuencia al teatro.

1934-1936 Estudios en la Escuela de Bellas Artes de San Fernando, en Madrid.

1937-1939 Cuando es movilizada su quinta, en la guerra civil, Buero sirve a la República en varios destinos. Escribe y dibuja en un periódico del frente y participa en otras actividades culturales. En un hospital de Benicasim conoce a Miguel Hernández. Al finalizar la contienda se encuentra en Valencia y es recluido en un campo de concentración en Soneja (Castellón). Una vez en Madrid, es detenido y condenado a muerte en juicio sumarísimo por «adhesión a la rebelión».

1939-1946 Reclusión en diversas prisiones. En la de Conde de Toreno hace el conocido retrato de Miguel Hernández y los de otros compañeros.

1946-1948   Después de sucesivas rebajas de la condena, se le concede la libertad condicional con destierro de Madrid (reside en Carabanchel Bajo). Deja la pintura y comienza a escribir teatro. Presenta dos obras, *En la ardiente oscuridad* e *Historia de una escalera*, al premio Lope de Vega del Ayuntamiento de Madrid.

1949   HISTORIA DE UNA ESCALERA recibe el premio y es estrenada en el Teatro Español de Madrid el 14 de octubre de 1949. Ante el gran éxito de público y crítica, la obra permanece en cartel hasta el 22 de enero de 1950; el 19 de diciembre había dejado paso por una noche a *Las palabras en la arena,* primer premio de la Asociación de Amigos de los Quintero.

1950   Estreno de *En la ardiente oscuridad* (1 de diciembre). Versión cinematográfica de *Historia de una escalera* dirigida por Ignacio F. Iquino.

1952   Estreno de *La tejedora de sueños* (11 de enero) y de *La señal que se espera* (21 de mayo). Primer estreno en el extranjero: *En la ardiente oscuridad,* en el Riviera Auditorium de Santa Bárbara (California) el 4 de diciembre.

1953   Estreno de *Casi un cuento de hadas* (10 de enero) y de *Madrugada* (9 de diciembre).

1954   Prohibición de representar *Aventura en lo gris,* cuya publicación en la revista *Teatro* se permite. Estreno de *Irene, o el tesoro* (14 de diciembre).

1956   Estreno de *Hoy es fiesta* (20 de septiembre). Premios Nacional de Teatro y «María Rolland».

1957   Estreno de *Las cartas boca abajo* (5 de diciembre). Premio Nacional de Teatro. Versión cinematográfica de *Madrugada.*

1958   Estreno de *Un soñador para un pueblo* (18 de diciembre). Premios Nacional de Teatro y María Rolland.

1959   *Hoy es fiesta* recibe el premio de Teatro de la Fundación Juan March y *Un soñador para un pueblo,* el de la Crítica de Barcelona. Película argentina basada en *En la ardiente oscuridad* (en España se distribuyó en 1962 con el título *Luz en la sombra).* Contrae matrimonio con la actriz Victoria Rodríguez.

1960   Nace su hijo Carlos. Estreno de *Las Meninas* (9 de diciembre), su mayor éxito de público hasta entonces.

1961   Nace su hijo Enrique. Estreno de su versión de *Hamlet, príncipe de Dinamarca,* de Shakespeare (15 de diciembre).

1962   Estreno de *El concierto de San Ovidio* (16 de noviembre). Premio Larra.

1963   Estreno de *Aventura en lo gris* en su versión definitiva (1 de octubre). Actor en *Llanto por un bandido,* de Carlos Saura. La revista *Cuadernos de Ágora* le dedica un monográfico. Firma, con otros cien intelectuales, una carta de protesta por el trato dado por la policía a algunos mineros asturianos.

1966   Estreno de su versión de *Madre Coraje y sus hijos,* de Bertolt Brecht (6 de octubre). Conferencias en universidades de Estados Unidos.

1967   Estreno de *El tragaluz* (7 de octubre). Premios El Espectador y la Crítica y Leopoldo Cano. Actor en *Oscuros sueños de agosto,* de Miguel Picazo.

1968   Reposición de *Historia de una escalera* (31 de marzo). Estreno de *La doble historia del doctor Valmy,* prohibida en España, en Chester (22 de noviembre, versión inglesa). Publicación en *Primer Acto* de *Mito,* libreto para una ópera sobre Don Quijote, que no se ha estrenado.

1969   Miembro honorario de «The American Association of Teachers of Spanish and Portuguese».

1970   Estreno de *El sueño de la razón* (6 de febrero). Premios El Espectador y la Crítica y Leopoldo Cano. Estreno de *La doble historia del doctor Valmy,* en español, en Vermont (Estados Unidos).

1971   Elegido miembro de número de la Real Academia Española para ocupar el sillón X. Miembro de la «Hispanic Society of America». Estreno de *Llegada de los dioses* (17 de septiembre). Premio Leopoldo Cano.

1972   Discurso de ingreso en la Real Academia Española: «García Lorca ante el esperpento».

1974   Estreno de *La Fundación* (15 de enero). Premios Mayte, El Espectador y la Crítica, Leopoldo Cano, Long Play, Le Carrousel y Foro Teatral.

1976   Estreno en España de *La doble historia del doctor Valmy* (29 de enero). Medalla de Oro de *Gaceta Ilustrada.*

1977   Estreno de *La detonación* (20 de septiembre). Premio «El Espectador y la Crítica». Participa en Caracas en la IV Sesión Mundial del Teatro de las Naciones.

1978   Homenaje en Nueva York en una sesión extraordinaria de la Modern Language Association. Las intervenciones de los ponentes y del autor se reproducen en un monográfico de la revista *Estreno*.

1979   Estreno de *Jueces en la noche* (2 de octubre). Edición en la Universidad de Murcia de *El terror inmóvil,* inédito desde su composición en 1949. Invitado de honor en el Congreso de la Asociación alemana de hispanistas, dedicado a su obra. Se da el nombre de Antonio Buero Vallejo a un Instituto de Bachillerato de Guadalajara.

1980 Conferenciante en las Universidades de Friburgo, Neuchâtel y Ginebra. Medalla de Plata del Círculo de Bellas Artes de Madrid. Premio Nacional de Teatro por el conjunto de su producción.

1981 Estreno de *Caimán* (10 de septiembre). Premios El Espectador y la Crítica y Long Play. Viaje a la URSS para asistir al Congreso de la Unión de Escritores. Reposición de *Las cartas boca abajo* (14 de octubre).

1982 Estreno de su versión de *El pato silvestre,* de Ibsen (26 de enero).

1983 Oficial de las Palmas Académicas de Francia.

1984 Estreno de *Diálogo secreto* (6 de agosto). Premios El Espectador y la Crítica, Long Play y Ercilla. Medalla Valle-Inclán de la Asociación de Escritores y Artistas. *ABC* de Oro.

1985 El Ayuntamiento de Guadalajara crea el premio de Teatro Antonio Buero Vallejo.

1986 Reposición de *El concierto de San Ovidio* (25 de abril); con ese motivo se celebra en el Teatro Español de Madrid un Seminario Internacional acerca de esa obra y una Exposición. Monográfico de *Cuadernos El Público.* En un accidente fallece su hijo menor, el actor Enrique Buero Rodríguez. Premio Pablo Iglesias. Estreno de *Lázaro en el laberinto* (18 de diciembre). Premio El Espectador y la Crítica. Premio Miguel de Cervantes, que se otorga por vez primera a un dramaturgo.

1987 Exposición sobre Buero en la Biblioteca Nacional. Hijo predilecto de Guadalajara. Consejero de honor de la Sociedad General de Autores. Asiste en Murcia al Simposio Internacional «Buero Vallejo (Cuarenta años de Teatro)». Número monográfico de la revista *Anthropos.*

1988   Medalla de Oro de Castilla-La Mancha. Socio de
honor de la Asociación de Escritores y Artistas.
Adaptación cinematográfica de *Un soñador para
un pueblo* titulada *Esquilache,* dirigida por Josefina
Molina.

1989   Estreno de *Música cercana* (18 de agosto). En Málaga asiste al Congreso de Literatura Española dedicado a su obra.

1991   «Buero Vallejo: el hombre y su obra», primer con-
curso de la editorial Espasa Calpe, colección Austral. Reposición de *El sueño de la razón* (16 de
mayo). Homenaje del Patronato Municipal de Cultura del Ayuntamiento de Guadalajara. Presidente
de Honor de la Asociación de Autores de Teatro.

1993   Homenaje en la I Muestra de Teatro Español de
Autores Contemporáneos de Alicante. Publicación de *Libro de estampas,* presentado por el autor en Murcia. Medalla de Oro al Mérito en las
Bellas Artes.

1994   Estreno de *Las trampas del azar* (23 de septiembre).
Se da el nombre de Antonio Buero Vallejo al Teatro
de Alcorcón (Madrid). Publicación de la *Obra Completa* en la editorial Espasa Calpe.

1996   Jornadas de «Teatro y Filosofía» en la Universidad
Complutense sobre el teatro de Buero. Homenajes del
Ateneo de Madrid, de la Asociación de Autores
de Teatro, del Festival de Otoño y de la Universidad de
Murcia. Número monográfico de la revista *Montearabí.* Premio Nacional de las Letras Españolas, por
primera vez concedido a un autor teatral.

1997   Reposición de *El tragaluz* (15 de enero). Medalla
de honor de la Universidad Carlos III de Madrid.
Medalla de la Universidad de Castilla-La Mancha.

Medalla de Oro de la Provincia de Guadalajara. Banda de Honor de la «Orden de Andrés Bello» de la República de Venezuela.

1998 Concluye *Misión al pueblo desierto,* su última obra.

1999 *La Fundación* del Centro Dramático Nacional, en un nuevo montaje se representa en el Teatro María Guerrero (27 de enero). Premio de Honor en los Max de las Artes Escénicas. Estreno de *Misión al pueblo desierto* (8 de octubre).

2000 Muere Antonio Buero Vallejo el día 29 de abril. El 29 de septiembre se inician en el Teatro Moderno de Guadalajara los actos de homenaje de la Junta de Comunidades de Castilla-La Mancha con la lectura dramatizada de *Antonio Buero Vallejo: la realidad iluminada,* con dirección de Miguel Narros y dramaturgia de Virtudes Serrano y Mariano de Paco, e interpretada por actores y actrices que estrenaron en su día las obras seleccionadas.

DOCUMENTACIÓN COMPLEMENTARIA

1. SEMBLANZA

Hombre tan apasionado como reflexivo, Buero ejemplifica la cualidad creadora que William Faulkner señala como *sine qua non* en el gran escritor: «el corazón humano en constante conflicto consigo mismo». En efecto, sin tensiones polares no existiría ni energía psíquica, ni poder imaginativo, ni personalidad. [...] Herencia y ambiente explican algunos de sus aparentes vaivenes: castellano grave por parte de madre y andaluz alegre por parte de padre, Buero es, por turnos, tenaz y abúlico, serio y juguetón. [...] Su temperamento es serio y su imagen de «caballero de la triste figura», auténtica, pero Buero posee otra cara también auténtica, la del agudo —pero muy especial— sentido del humor que oscila entre infantil y mordaz. [...] Y, aunque cada día se anima menos a demostrarlo, puede ser realmente divertido. [...] A pesar de ciertas tendencias depresivas, no llega a ser huraño, ensimismado niególatra. [...] Vacila entre creer que uno elige el destino y que el destino le elige a uno. Intentando comprender las coincidencias —quizá significativas— que rigen la vida, emprende una odisea interna: la aventura del héroe frente a lo desconocido.

(Patricia W. O'Connor, *Antonio Buero Vallejo en sus espejos,* Madrid, Fundamentos, 1996, págs. 29-31).

2. EL AUTOR Y SU TEATRO

Lo que mi teatro es, no lo sé; de lo que intenta ser, sí estoy algo mejor enterado. Intenta ser, por lo pronto, un revulsivo. El mundo está lleno de injusticias y de dolor: la vida humana es, casi siempre, frustración. Y aunque ello sea amargo, hay que decirlo. Los hombres, las sociedades, no podrán superar sus miserias si no las tienen muy presentes. Por lo demás, mi teatro no se singulariza al pretenderlo: esa es la pretensión común a todo verdadero dramaturgo. La miseria de los hombres y de la sociedad debe ser enjuiciada críticamente; la grandeza humana que a veces brilla en medio de esa miseria también debe ser mostrada. Considerar nuestros males es preparar bienes en el futuro; escribir obras de intención trágica es votar porque, un día, no haya más tragedias.

El dramaturgo no sabe si eso llegará a suceder, aunque lo espera. Y, como cualquier otro hombre que sea sincero, no tiene en su mano ninguna solución garantizada de los grandes problemas; sólo soluciones probables, hipótesis, anhelos. Su teatro afirmará muchas cosas, pero problematizará muchas otras.Y siempre dejará —como la vida misma— preguntas pendientes.

> (Antonio Buero Vallejo, «Acerca de mi teatro», texto de hacia 1972 publicado por vez primera en *Obra Completa*, II, edición crítica de Luis Iglesias Feijoo y de Mariano de Paco, Madrid, Espasa Calpe, 1994, pág. 458).

3. SOBRE *HISTORIA DE UNA ESCALERA*

Desde las primeras escenas de *Historia de una escalera* el público que asistió anoche al estreno tuvo la impresión de que se hallaba ante la obra de un autor auténticamente nuevo,

con una preparación cultural y un sentido del teatro engarza-
dos exactamente al momento en que vivimos. [...] Sencillez
de expresión y hondura de sentimientos, no teatro de ideas,
sino teatro de pasión, alto y noble concepto de lo trágico sin
salirse del estricto marco de lo humano y de lo cotidiana-
mente vital. Y que no se nos diga que este género es tortu-
rado, agónico o sombrío, porque eso equivaldría a negar los
fundamentos del teatro universal, donde el Fatum nos parece
que no es un elemento accesorio o desdeñable. He ahí, sinte-
tizada en breves rasgos, la hondísima impresión que nos ha
producido el estreno de Buero Vallejo, autor que, además,
sabe mover a sus personajes y equilibrar el curso de la acción
con la más experta desenvoltura y que dará a nuestra escena
y logrará en ella muchas jornadas de triunfo semejantes.

(Alfredo Marqueríe, «En el Español se estrenó *Historia
de una escalera,* de Antonio Buero», *ABC,* 15 de octubre
de 1949, págs. 22-23).

Creemos que el caso es más importante que un simple
hallazgo, porque la obra de Antonio Buero no indica solamente un acierto, sino que indica un modo teatral, una
nueva concepción, y, sobre todo, y más en un novel, la sa-
biduría de expresión más feliz para dar a conocer un pensa-
miento. [...] El novel Antonio Buero ha dejado de serlo para
siempre. Esta obra es propia de un hombre que ya ha en-
contrado el definitivo secreto del teatro. No hay una palabra que sobre en el recuento de cada acto.

(Sánchez-Camargo, *«Historia de una escalera»,* El Al-
cázar, 15 de octubre de 1949, pág. 5).

Con el clamoroso y unánime triunfo de esta comedia
triunfó también anoche algo muy hondo, que es sustancia

española que late en todo nuestro arte en general y que hace algún tiempo andaba un poco a trasmano y como despreciado; esto a que aludimos es nada menos que el sentido real que el público lleva en la masa de la sangre, de tal manera, que el público, emocionado ante la obra, al aplaudirla aplaudía algo que reconocía como muy suyo: nada menos que la verdad artística viva, fuerte, emocional y apasionante, que vibra, cómica y sentimental, en el sainete y que llena la comedia de costumbres con su fuerza ejemplar.

(Jorge de la Cueva, «Español. *Historia de una escalera,* comedia de don Antonio Buero Vallejo», *Ya,* 15 de octubre de 1949, pág. 4).

A los diecinueve años escasos de su triunfal estreno, Antonio Buero Vallejo ha reactualizado en el escenario del teatro Marquina la comedia con la que inició su carrera de autor: *Historia de una escalera.* El tiempo transcurrido no ha envejecido a esta pieza porque los problemas que agitaban a sus personajes en el cotidiano bajar y subir de la escalera no eran problemas ocasionales, sino permanentes, y la técnica de construcción, atenida a una neta voluntad de realismo que apenas si se tomaba mínimas libertades con la verosimilitud, libertades aceptables en nombre de la condensación dramática, de la plástica del conflicto. En cierto modo, en la ya larga y sólida carrera de Buero Vallejo, *Historia de una escalera* constituye un hito no superado, aunque, afortunadamente, la temática, las preocupaciones y las intenciones del autor hayan ido cobrando vuelo, madurez, complejidad en su obra posterior. El dramaturgo que aquel estreno prometía se ha cumplido.

(Lorenzo López Sancho, «Reposición de *Historia de una escalera* en el Marquina», *ABC,* 2 de abril de 1968, pág. 77).

La pieza de Buero conserva, al cabo de los diecinueve años, todos sus valores esenciales y sustanciales (testimonio, emoción, justeza de construcción y de diálogo). No tenemos que restar ni un ápice a las alabanzas que le dedicamos en su estreno ni al estudio que le dedicamos en la edición de Janés. Ahí está como prueba del talento y de la verdad de un gran dramaturgo por el que no pasa el tiempo.

(Alfredo Marqueríe, «*Historia de una escalera,* en el Marquina», *Pueblo,* 1 de abril de 1968).

Esquematizando un poco, podríamos concluir: 1.º, *Historia de una escalera* toma del sainete, con una lógica depuración, todo o casi todo lo que es cauce expresivo. Toma su ambiente, su lenguaje y hasta situaciones más o menos típicas —discusiones de vecindad, por ejemplo— e incluso rasgos arquetípicos de personajes, si bien sometidos a severas matizaciones que permitan trascender *lo típico* y llegar a *lo individual;* 2.º, de Unamuno toma su visión trágica del hombre y del mundo, su «sentimiento trágico de la vida», su conciencia de la contradicción entre realidad vivida y realidad soñada, su repugnancia por las «soluciones concretas» [...]; 3.º, esta singular mixtura de costumbrismo y pathos unamuniano precipita un modelo dramático nuevo, el cual cierra y sobrepasa dos corrientes dramáticas anteriores, que parecían irreconciliables y antagónicas, y que en 1949 estaban ya fuera de uso, o al menos de buen uso.

(Ricardo Doménech, *El teatro de Buero Vallejo,* Madrid, Gredos, 1973, págs. 73-74; 2.ª ed., 1993, págs. 85-86).

[En *Historia de una escalera]* hay tres aspectos o factores esencialmente interrelacionados y que mutuamente se condicionan: el personal, la actitud y el modo de ser de cada individuo; el contexto social en que éstos se encuentran; y, finalmente, un factor que se ha tenido menos en cuenta, el metafísico, que con ciertas reservas llamaremos «existencial», y se refiere sobre todo al tiempo, elemento esencial en la pieza que comentamos. Cada uno de ellos influye, no obstante, de diferente modo en cada personaje. [...] Una explicación coherente y completa de la obra debe tener en cuenta estos tres factores, cuya dialéctica interacción hace posible una visión de conjunto. A nuestro juicio son parciales e insuficientes las que olviden la dependencia mutua de estos tres elementos. El fracaso de Urbano y Fernando, como el de cada uno de los personajes del drama, tiene su origen en ellos, y sólo en la medida en que se varíen se modificará el resultado.

> (Mariano de Paco, «*Historia de una escalera,* veinticinco años más tarde» (1974), en *Estudios sobre Buero Vallejo,* Murcia, Universidad, 1983, págs. 201 y 205).

En la obra hay latente un conflicto social, colectivo, incluso un enfrentamiento clasista [...]. La profunda impresión que causó en 1949 se explica, desde luego, por su perfecta construcción dramática, pero también contribuyó a producirla, sin duda, la aparición en escena de problemas que llevaban ausentes de ella más de una década y que no cabía seguir ignorando. La presentación —pues a eso se reduce todo— de la vida de unas gentes con dificultades que el tiempo no había solucionado era una indicación de que las cosas no habían cambiado. [...] La raigambre hispana del drama no debe ocultar, sin embargo, su universalidad. Después de todo, Urbano también soporta un fracaso íntimo, el de su matrimonio, el cual no tiene causas sociales.

Fernando, por su parte, a sus muchos aspectos negativos suma otros que se repetirán una y otra vez en los personajes del autor; su insatisfacción, su ansia de algo que no tiene, su intranquilidad, que se concreta en un sentimiento de temor al tiempo, son rasgos propios del protagonista bueriano, el cual es un hombre en tensión, crispado, que vive como sobre ascuas, desazonado por razones a veces oscuras. En una palabra, son seres agónicos.

(Luis Iglesias Feijoo, *La trayectoria dramática de Antonio Buero Vallejo,* Santiago de Compostela, Universidad, 1982, pág. 33).

El público, desde su perspectiva especial, confirma y completa la síntesis histórica y teatral de la acción ofrecida aquí. Sirviendo como un marco histórico, el espectador presta importancia a las múltiples acciones insignificantes; une en sí los tres momentos autónomos del drama; y, al final, se lleva consigo el problema de estos seres humanos. Así cobran verdadera trascendencia los humildes personajes de *Historia de una escalera.* [...] El público aceptó en seguida —por instinto se diría ya que no se trataba solamente de un proceso discursivo— la labor del dramaturgo y con gran emoción la reconoció como cosa urgente, vital... e íntimamente suya. Buero había tomado de la tradición popular española unos personajes y maneras de expresión y los amoldó a las exigencias estéticas y sociales de su época. Esta representación de la vida cotidiana mantiene contacto con la esencia española de siempre, al mismo tiempo que indaga en temas y problemas actuales. Tradición y originalidad, en suma.

(Robert L. Nicholas, *El sainete serio,* Murcia, Universidad, Cuadernos de Teatro, 1992, págs. 45-46).

TALLER DE LECTURA

El género dramático reúne en un todo dos realidades: la del *texto literario,* en el que residen los valores estilísticos derivados de la *función poética* a la que está sometido en ellos el lenguaje; y la del *texto espectacular,* de donde proceden los datos para la *espacialización* o puesta en escena. Para leer teatro es, pues, preciso colocarse en situación de percibir el mensaje literario y *contemplar* a un tiempo el espectáculo. Sólo así es posible captar toda la riqueza de su conjunto.

I. CLAVES PARA UNA LECTURA DRAMATÚRGICA

1. Sobre el contenido

1.1. El texto dramático es un acto comunicativo y, por tanto, dotado de significado. Una primera aproximación ofrece una historia *(fábula)* que tiene lugar durante un tiempo, ubicada en un espacio y llevada a cabo por personajes. Con ella el autor expresa algo que le preocupa, le atrae o llama su atención *(tema)* y que, a su vez, dirige al público (variable en cada momento de lectura o representación) con el fin de captar su interés. Para conseguirlo, coloca a sus personajes en situaciones de conflicto *(trama)* que alterarán su destino durante el relato escénico mediante cambios en su estado o variación del curso de sus vidas *(peripecia).*

— Tras delimitar el *tema* o *asunto* principal, pueden distinguirse los *elementos temáticos* de valor subsidiario que en él confluyen y lo enriquecen: por ejemplo, el subtema político, a partir de las intervenciones de Urbano; el tiempo como problema metafísico, tal como lo percibe Fernando al final del acto primero, en el diálogo con su amigo de la infancia; el fracaso de las ilusiones juveniles y la frustración amorosa que sufren personajes como Carmina o Rosa. Como punto de partida puede utilizarse el apartado «Elementos temáticos y argumentales» de la Introducción (págs. 22-26) y, a partir de ahí, elaborar y discutir otras propuestas que la lectura del texto sugiera.

— Realícese un breve resumen de la *trama.*

1.2. La obra está estructurada en tres actos. Para nuestro análisis hemos procedido a una fragmentación en escenas que, a su vez, admite una secuenciación en unidades más pequeñas, atendiendo al motivo de interés principal que se manifiesta con el incesante ir y venir de los personajes.

— Tomando como ejemplo la secuenciación que proponemos en el apartado II de este taller para la primera escena del acto primero (págs. 152-155), puede llevarse a cabo la división en el resto de las escenas de la obra. De esta forma se observará mejor cómo se conectan los hilos de la *trama* y en qué consiste la *peripecia* de cada personaje.

2. SOBRE EL GÉNERO

2.1. En la Introducción hemos ubicado la dramaturgia de Buero Vallejo dentro de la modalidad de tragedia contemporánea.

> Realícese, a partir de esta idea, el análisis y debate sobre:
> — La *acción del destino*. De qué manera está representado para cada uno de los personajes. Por ejemplo, para Generosa no hay salida porque su condición humana y social actúa como determinante; en Fernando, será la falta de voluntad y esfuerzo lo que condicione su final.
> — En qué medida influye en el desenlace de las historias.
> — Qué personajes son los más afectados por la adversidad y cuál es el final de sus trayectorias.

2.2. Al pasar de un acto a otro se van produciendo situaciones de *reconocimiento* (las *verdades* que surgen durante las peleas, la información que implica para el espectador ver a la *familia* de Fernando en el acto segundo, etc.).

> — Analícense estas situaciones y destáquense las que más influencia ejerzan en el proceso dramático.

2.3. La *catarsis* afecta a los individuos de la historia cuando son capaces de *reconocerse,* y al receptor cuando descubre el efecto de la falta y sus consecuencias.

> — Señálense los momentos en que los personajes se encuentran en dicha situación y analícese este efecto

en el público indicando las claves que lo proporcionan. Este ejercicio puede realizarse sobre los textos en los que el *reconocimiento* ha ejercido su misión clarificadora.

3. SOBRE LAS ACOTACIONES

¿Dónde residen los caracteres espectaculares del hecho dramático? El diálogo entre personajes ha sido considerado como elemento distintivo y caracterizador del drama; no obstante, el espectáculo emana, principalmente, del texto de las *acotaciones* [1]. Ellas son las encargadas de trasladar el punto de vista que el autor tiene del montaje de su obra para que los lectores (pertenecientes o no a la práctica teatral) *construyan* su particular *puesta en escena.* En ellas se contienen las nociones de tiempo y espacio; las indicaciones gestuales, de posición y de movimiento para los actores, así como la caracterización física y psicológica de los mismos. Signos procedentes de la luz, el color, las sombras, los sonidos, la música o los objetos se localizan también en estos textos.

Desde las *acotaciones,* el dramaturgo, que en muchos casos se comporta como un *director de escena,* ofrece las pautas para poner en pie la obra, ya desde sus aspectos más objetivos (entrada y salida de personajes, disposición de los elementos del decorado, división y valores del *espacio*

---

[1]　A lo largo de nuestro análisis y de acuerdo con la terminología teórica aceptada, nos referimos a estos textos descriptivo-narrativos como *acotaciones, didascalias* o *textos secundarios,* usándolos como sinónimos. Utilizamos asimismo la oposición *texto secundario-texto principal* para diferenciar acotaciones y diálogo; y *acotación implícita* para designar los indicios de teatralidad contenidos en el discurso directo de los personajes.

escénico, aspecto y gestualidad de los personajes, presencia de la luz y los sonidos, o ausencia y matizaciones de estos y otros elementos), ya *focalizando* el punto de vista del receptor a partir de un sistema expresivo connotado por sus ideas y opiniones o por procedimientos de la lengua que impliquen subjetividad (epítesis, comparaciones, tropos, ironía, etc.). Con todo ello ofrece la *visión* particular que él posee de personajes y situaciones.

3.1. Teniendo en cuenta estas dos actitudes, usamos la expresión *acotaciones funcionales* para las que se encuentran objetivamente encaminadas a la puesta en escena y *acotaciones autónomas* para las que, normalmente sin abandonar esta finalidad, tienen un tratamiento lingüístico subjetivo que induce la mirada del lector hacia el punto de vista del dramaturgo.

— Tras realizar el análisis de las acotaciones para distinguir los dos tipos, puede trabajarse sobre el *realismo* y el *simbolismo* que en ellas se contienen.

3.2. Junto a las *acotaciones explícitas,* la información sobre gestos, actitudes, intenciones o comportamientos puede llegar a través del discurso de los personajes en el *texto principal,* en las llamadas *acotaciones implícitas* que completan de forma indirecta aspectos representables.

— El rastreo en la pieza de este sistema de *acotaciones* demostrará cómo el dramaturgo ofrece, aun sin enunciarlos, diversos matices que ilustran la lectura escénica que proponemos (puede tomarse como ejemplo lo indicado en el apartado II de este taller, págs. 152-155).

3.3. Además de lo que habitualmente se entiende por *acotaciones,* también hemos de clasificar así otros textos que influyen en la comprensión de la obra o en su puesta en pie. Desde este punto de vista, se pueden considerar *didascalias:* el título que la presenta; la enumeración de los personajes y, en la pieza que comentamos, el fragmento extraído de la profecía de Miqueas, que, como hemos indicado en la Introducción (págs. 18-19), posee un sentido focalizador del punto de vista del lector.

Teniendo todo ello en cuenta, analícense:

— El título de la pieza en el conjunto de la misma.

— La ausencia de precisiones clarificadoras añadidas al nombre de los personajes en el Reparto, como elemento informador de su cotidianidad; o el significado genérico de la denominación de los nuevos inquilinos del tercer acto.

— Puede debatirse el sentido que cada lector da a la frase de Miqueas extraída de su contexto bíblico y recontextualizada en la obra de Buero.

4. SOBRE EL TIEMPO

Es el tiempo un componente sustancial del hecho dramático que puede analizarse desde múltiples perspectivas, tanto en lo referido al texto como a su representación; en esta obra es la base de las estructuras dramatúrgica y temática.

4.1. En el nivel de los contenidos existen: a) un *tiempo omitido,* condicionante de casi todo lo que sucede en escena; b) una noción *simbólica* (metafísica) de la temporalidad; c) un tiempo abstracto *(mediador)* que une el de los acontecimientos de la escena con el de los receptores, quienes, en su virtud, quedarán facultados para enjuiciar su propia historia a partir de lo contemplado.

— Destáquense las frases que incluyen nociones temporales y analícese su significado real o simbólico.

— Sería interesante debatir el tema del tiempo como símbolo en la pieza.

— La habilidad del dramaturgo en la composición de la obra se percibe, entre otras cosas, en la manipulación del tiempo; préstese atención a la estructura fragmentada del tiempo representable, que, sin embargo, ofrece la impresión de *continuidad* en los acontecimientos de su argumento.

— El final, con su apertura hacia el futuro, es analizable en relación con el tiempo abstracto *(mediador)* que implica al público.

5. SOBRE EL ESPACIO

El espacio es también un constituyente básico del género, que, por su capacidad de *representación* ante un público, requiere un lugar y, por transmitir historias a *imitación* de la realidad, necesita de un entorno donde ubicarlas.

5.1. Hemos observado que la pieza presenta un espacio único visible en el que influyen dos espacios omitidos: la calle y el interior de las viviendas. En el espacio escénico hay instaladas cuatro puertas que corresponden a esos interiores domésticos.

— Analícese el significado que posee en el drama el «casinillo», teniendo presente para qué lo usan los distintos personajes en cada tiempo (omitido o representado).

— A partir de lo que dicen los personajes en sus diálogos y el autor desde las acotaciones, comentar el valor simbólico de la escalera.

— Agrupar a las familias ante la puerta de sus viviendas respectivas en cada acto permitiría comprobar cómo la «vida» modifica el lugar de los individuos y la calidad de sus relaciones.

5.2. Con respecto al receptor, la obra está concebida escénicamente desde un punto de vista realista. El público observa a través de la *cuarta pared* del edificio el debatirse de los seres en el interior.

— Analícese la posición del lector-espectador y su capacidad de juzgar sobre lo que ve.

6. SOBRE LOS PERSONAJES

En la Introducción abordamos el análisis de algunos de los personajes teniendo en cuenta los datos que el texto ofrece sobre ellos: a) desde las acotaciones; b) desde sí mismos, con su aspecto, palabras y acciones; c) desde lo que los demás opinan.

— Analizar y valorar la construcción como personajes de Pepe, Rosa y Manolín.

— En Carmina ha construido el dramaturgo una personalidad rica en matices, que, sin embargo, no se hace notar salvo en momentos muy particulares del drama. Indáguense todas las facetas de su carácter y establézcase la relación con sus actuaciones. Analizar también el comportamiento de Carmina hija y comparar la «forma de ser» de ambas.

— Agrupar a los personajes por edades y explicar sus rasgos coincidentes y diferenciales a partir de los datos extraídos de las fuentes de información.

— Las figuras que pueblan la *escalera,* ¿obedecen a un arquetipo convencional o corresponden a seres «de carne y hueso»? Puede ser interesante leer un sainete *(La casa de Tócame-Roque,* por ejemplo) y comprobar la diferente constitución de personajes en ambas piezas.

— En la pelea que tiene lugar en el acto tercero, Rosa dice de Fernando que «es tan chulo como Pepe» (pág. 121). Analícense los comportamientos de estos dos personajes para justificar la afirmación de Rosa.

— Establecer la relación entre Rosa y Elvira analizando sus actuaciones a la luz de estas palabras, que proceden asimismo de la disputa final: «¡Si yo me junté con Pepe y me salió mal, usted cazó a Fernando!» (pág. 121).

— Los personajes de esta *historia* no son del todo negativos ni absolutamente positivos. Considerar esta construcción basándose en el análisis de algunos de ellos.

— Al analizar las relaciones entre los distintos miembros de las familias y entre los vecinos, ¿se puede justificar el que la obra se entendiese, en un sentido político-social, como la imagen de la España de los momentos del drama?

7. Sobre el lenguaje

7.1. En teatro, además del lenguaje verbal, se congregan una gran variedad de códigos que poseen significado dramatúrgico (recuérdese, por ejemplo, el valor de símbolo que adquiere el aspecto deteriorado de la escalera).

> — Enumérense signos no verbales que caractericen a los personajes, que ofrezcan nociones temporales o que posean valor distinto del referencial.
> — Puede analizarse el simbolismo de la leche derramada, partiendo de las diferentes versiones del cuento tradicional.

7.2. La palabra no es sólo el vehículo de transmisión del mensaje, sino que actúa además como elemento caracterizador de la misma forma que el maquillaje, el vestuario o el peinado.

> — Tras recoger todas aquellas expresiones que llamen la atención por su peculiaridad, clasifíquese a los personajes por su forma de hablar y tipifíquese el registro lingüístico que emplean.

8. Conclusión

> — Valórese el drama desde su recepción actual.

II. ANÁLISIS DE UNA SECUENCIA

La escena primera del acto primero contiene el tema de la *situación económica* en que viven los inquilinos del quinto piso de «una casa modesta de vecindad», y su función principal es la de presentar a los personajes. El cobrador de la luz se encargará de convocar a los vecinos, quienes, ya en el rellano de la escalera, efectuarán un primer movimiento de aproximación al receptor, al hacerlo partícipe de su problema. El dinero y la carestía de la vida son motivos recurrentes a lo largo de la misma. Los personajes irán apareciendo poco a poco; los que sustentan el peso de la trama son aludidos por los otros antes de que lleguen ante el lector-espectador.

Hemos considerado la escena desde el comienzo hasta la entrada de Urbano (págs. 53-62) y, en ella, apreciamos cinco secuencias:

> 1.—Llegada del cobrador de la luz. Aparición de Generosa, Paca y Elvira. Planteamiento del tema económico. Alusión a Urbano.
> 2.—Se incorporan al grupo doña Asunción y don Manuel. Falta de solvencia de ella y solución por parte del caballero. La hipocresía social. Primer acercamiento a la caracterización de Fernando.
> 3.—Conversación privada entre Elvira y don Manuel sobre Fernando. Claves para conocer a los dos jóvenes.
> 4.—Trini y Generosa comentan lo sucedido. Leve alusión a Carmina. Más datos sobre Fernando y Elvira. Fugaz presencia de Carmina.
> 5.—Fernando sale a *escena*. El personaje se caracteriza por su actuación frente a su madre (doña Asunción).

A manera de ejemplo para un posible análisis dramatúrgico de personaje, hemos seleccionado la secuencia 2:

La figura de doña Asunción da lugar al desarrollo del tema de la *escasez de recursos,* al tiempo que actúa como presentadora de su hijo Fernando. Un motivo temático subsidiario, el de *vivir de las apariencias,* emana asimismo de la figura de esta señora, que, por los indicios de su construcción como personaje, ha «venido a menos», quizá desde su viudedad. Ella, pues, ejerce el protagonismo en esta secuencia.

Muy pocos datos ofrece el dramaturgo de forma explícita sobre este personaje al presentarlo: «Señora de luto, delgada y consumida». Sin embargo, el término «señora» la diferencia de Paca y Generosa, denominadas «mujeres» en sus respectivas apariciones. Si a este matiz unimos el tratamiento que le da, «doña», se hace visible una categoría social que, independientemente de su economía, la separa de la mayor parte de los vecinos y la une a don Manuel, cuyo prestigio en la escalera ha sido adquirido por el dinero. Esta situación se pone de manifiesto en conversaciones posteriores, pero queda exteriorizada desde la acotación por su aspecto y por el de su hija: «Los trajes de ambos denotan una posición económica más holgada que la de los demás vecinos».

Desde esta perspectiva se puede analizar ya la faceta *hipócrita* de doña Asunción, que sale a disculparse «ensayando sonrisas» mientras que en el texto de su enunciación intenta tapar lo que todos ven con excusas (mentiras) que oculten su vergüenza («Como me ha cogido después de la compra y mi hijo no está...»). Pero es descubierta por el Cobrador, que contempla la situación a distancia («Esto le pasa por querer gastar como una señora en lugar de abonarse a tanto alzado»), y el dramaturgo marca el cambio de su estado de ánimo con un «casi perdida la compostura».

A partir de este momento, el personaje actuará por cuenta propia, sin el apoyo de la voz del autor, pero el lector ha sido capacitado para interpretar sus matices gracias a los signos ofrecidos con anterioridad. Por eso, cuando habla de su hijo, el receptor comprende que las alabanzas encubren desilusión y desengaño: «¡Tiene muchos proyectos! Quiere ser delineante, ingeniero, ¡qué sé yo! Y no hace más que leer y pensar. Siempre tumbado en la cama...». La madre, amedrentada por el *qué dirán,* disfraza la conducta del hijo, pero la verdad se escapa por los resquicios de su discurso. Después, Paca, al remedar la escena para Generosa, apartará los celajes y dejará al descubierto lo que piensan los vecinos: «Quien lo provocó, en realidad, fue doña Asunción. [...] ¿Qué va a hacer una mujer como ésa, con setenta y cinco pesetas de pensión y un hijo que no da golpe?».

Fernando es el personaje aludido en esta secuencia. En boca de su madre aparece primero como sostén de la economía familiar; pero, cuando progresa el parlamento de ésta, los titubeos que lo matizan hacen dudar de su correcta actuación; por fin, al presentarse ante el público, en la última secuencia de la escena, hará gala de un comportamiento negativo que cristaliza en la forma violenta y despectiva con la que trata a su madre.

Otros dos personajes más intervienen junto con los ya enunciados: Elvira, que había sido descrita como «una linda muchacha», y don Manuel, «padre de Elvira». Los trajes que visten constituyen signos escénicos que informan de la situación social que disfrutan. La belleza de la chica, indicada en la acotación, será corroborada por doña Asunción, que exclama: «Es una clavellina»; a lo que añade: «El hombre que se la lleve...», insinuación que, a la vista del proceso dramático y de su desastroso final, resulta ser irónica mueca del destino.

Es interesante desde el punto de vista de la construcción dramatúrgica de la secuencia el hecho de que casi todo el material didascálico se encuentra en forma de *acotación implícita;* el autor ha imprimido en el habla de los personajes los matices gestuales y emotivos que han de reflejar en escena. Por ejemplo, cuando sale don Manuel de su casa y saluda a doña Asunción, ella, que está preocupada con el pago del recibo y no lo ha visto, contesta mecánicamente («¡Buenos días!»); pero a continuación reitera con énfasis, al percibir de quiénes procedía el saludo («¡Buenos días, Elvirita!»); y explica, contextualizando de esa forma su expresividad: «¡No te había visto!».

En el violento diálogo que sigue con el Cobrador de la luz, él da muestras de cansancio por la actitud de la señora y ella acusa en sus palabras la conmoción que lo que está sucediendo le produce; no obstante, ni una ni otra están avisadas por el dramaturgo.

De igual manera, cuando doña Asunción describe las actitudes de su hijo, su discurso pasa de la objetividad («En su papelería») al lamento expresivo («¡El sueldo es tan pequeño!»); a la ponderación («Él vale mucho»); a la reflexión, casi monólogo interior, sobre su conducta («No hace más que leer y pensar»); a la falaz euforia por sus aptitudes («Y escribe cosas también, y poesías. ¡Más bonitas!»).

Sin embargo, todo se sucede sin que la voz del dramaturgo intervenga; quizá porque este ambiente y sus personajes le eran tan familiares que da por supuestos los matices expresivos que vienen marcados implícitamente en el sentido de las palabras contextualizadas y en situación. Se ponen, pues, de manifiesto en esta breve secuencia las cualidades de una pieza que, en lo relativo a composición de personajes, supone ya un alarde de habilidad creativa de su autor.

III. SUGERENCIAS PARA UN TALLER DE CREACIÓN

— Con los datos que ofrecen los personajes en sus diálogos y el autor en las acotaciones, componer la historia del tiempo omitido que precede a cada acto de la obra.

— Elaborar breves textos dialogados que desarrollen lo que puede suceder detrás de cada una de las puertas, a la vista de los personajes que habitan esos espacios y de los problemas que han manifestado en el exterior; por ejemplo, ¿qué ocurre en casa de Paca cuando Rosa plantea que se junta con Pepe?

— La calle como espacio de la conflictividad política y social puede constituir el punto de partida de un ejercicio de semejantes características; por ejemplo, se puede imaginar a Urbano dialogando con sus compañeros del sindicato.

— Partiendo de cualquier personaje, imagínense posibles continuaciones de su historia.

— Tras una lectura atenta del texto, elíjase a un personaje para que exprese sus vivencias interiores a través de un monólogo; por ejemplo, ¿qué pensaría Fernando hijo después de la primera disputa con sus padres?

— Se puede realizar un ejercicio de improvisación a partir de un momento determinado del texto; el diálogo avanzará entonces de forma espontánea según lo que a cada alumno le vayan sugiriendo las frases anteriores. Para la realización de esta actividad es conveniente contar con una grabadora, ya que las improvisaciones deben efectuarse de forma oral para después transcribirlas.

— Confeccionar un *cuaderno de dirección* sobre una secuencia, una escena, un acto o el total de la obra.

— Diseñar posibles bocetos para la escenografía y el vestuario.

— Escribir una pieza dramática (puede ser breve) en la que se respeten como elementos articuladores: conflicto del presente, personaje colectivo, espacio reducido y de paso obligado y tiempo dilatado que se condensa en los pocos minutos de la representación.

So cial classes
never change in
Play